Gerda Brömel

BRÖMELS Geschichten um *schräge* Typen

Gerda Brömel lebt in Mönkeberg an der Kieler Förde. Nach Ende ihres Berufslebens (Angestellte in der Verwaltung verschiedener Institutionen) begann sie ihre literarische Arbeit. Seither hat sie dreizehn Bücher veröffentlicht, davon drei als Herausgeberin.

In BRÖMELS Geschichten tummeln sich die seltsamsten Typen mit merkwürdigen, unglaublichen, zum Teil auch recht fragwürdigen Ambitionen. Doch trotz ihrer Schrullen ist jede einzelne Figur im Grunde sympathisch, denn irgendwie kann man sie verstehen.

Dieser Band enthält unveröffentlichte Texte und solche, die bereits in anderen Büchern, Anthologien, Zeitschriften oder im Internet publiziert wurden. Hier erscheinen die Geschichten erstmals als Sammlung.

Gerda Brömel

BRÖMELS
Geschichten um
schräge Typen

*Bibliografische Information der Deutschen National-
bibliothek:*
*Die Deutsche Nationalbibliothek verzeichnet diese
Publikation in der Deutschen Nationalbibliografie;
detaillierte bibliografische Daten sind im Internet
über http://www.dnb.de abrufbar.*

Herstellung und Verlag:
BoD – Books on Demand, Norderstedt

ISBN: 9783738608960

Inhalt

Irritationen

Es begann damit, dass ich meine Stimme verlor. Vielleicht lag es daran, dass ich sie zu oft abgegeben hatte? Dies tat ich getreu meinem Wahlspruch »Geben ist seliger denn Nehmen!« Nur – wann und woran hätte ich erkennen können, dass ich mich stimmlich verausgabt hatte? Zugegeben, hin und wieder war mir bereits aufgefallen, dass ich ungehört blieb. Wie oft hatte ich doch lauthals gefordert »Schafft den Montag ab!« oder »Gleichberechtigung für Männer!« Doch nichts änderte sich! Damals glaubte ich noch, höheren Orts ignoriere man meine Appelle. Inzwischen weiß ich, dass man sie gar nicht gehört hatte! Eine andere Sache war die mit den Witzen, die ich gern in geselliger Runde erzählte. Niemand lachte! Alle unterhielten sich weiter, als hätte ich den Mund überhaupt nicht aufgemacht.

Plötzlich war meine Stimme also weg. Einfach futsch, wie man so sagt! Das wurde zu einer bitteren Erkenntnis für mich. Bei einem einsamen Spaziergang hatte ich noch übermütig in den

Wald hineingerufen, aber nichts war herausgekommen! Nicht einmal »Esel« auf meine Frage »Wie heißt der Bürgermeister von Wesel?« Der Wald blieb stumm. Im Innersten aufgewühlt berichtete ich anschließend meiner Frau davon. Ohne aufzusehen blätterte sie weiter in ihrer Zeitschrift und sagte nur:

»Bring endlich mal den Mülleimer runter!«

Dann kam es schließlich so weit, dass mir auf der Straße Leute wiedererkennende Blicke zuwarfen und erfreut auf mich zustrebten, sodass ich ihnen schon die Hand zur Begrüßung hinstreckte. Sie aber eilten an mir vorüber und hauten jemand anderem auf die Schulter. Zum Beispiel einem dieser aalglatten jungen Dynamiker, der hinter mir ging oder stand. Ich dachte mir nichts weiter dabei, als dies zum ersten Mal geschah. Doch danach wiederholte es sich, und zwar in allen möglichen Varianten und bei den verschiedensten Gelegenheiten. Erst jetzt keimte in mir der Verdacht, ich wäre nicht nur stimmlos, sondern möglicherweise auch noch unsichtbar geworden.

Um festzustellen, ob dies sich tatsächlich so verhielt, führte ich einen Test durch. Gerade war Schnee gefallen. Also stapfte ich durch die unberührte weiße Pracht und freute mich schon darauf, hinter mir das geschmackvolle Muster meiner dicken Gummisohlen zu sehen. Nichts! Der Wind hatte die Spuren verweht. Oder? Ich versuchte es noch einmal. Keine Spur von Spuren! Nun ließ ich mich rückwärts in den Schnee fallen, bewegte die seitlich ausgebreiteten Arme zum Körper und wieder weg, während ich die Beine abwechselnd leicht grätschte und schloss. Hoffnungsvoll erhob ich mich, um meinen wundervollen »Adler« oder »Engel« zu betrachten. Nichts! Nicht mal einen Spatz hatte ich zustande gebracht!

Durch die folgende widerwärtige Angelegenheit sollte ich schließlich letzte Gewissheit erhalten: Als ich nämlich einmal früher als gewöhnlich nach Hause kam, fand ich meine Frau und meinen besten Freund in unserem Ehebett. Vor Wut und Enttäuschung schrie ich wie von Sinnen. Doch tun Sie das mal ohne Stimme! Als wäre ich gar nicht vorhanden, fuhren die beiden in ihrem Liebesspiel fort. Nur einmal sah mein sogenannter Freund in meine Richtung, als wundere er sich, dass plötzlich die Tür zum Schlafzimmer offen stand. Zu *meinem* Schlafzimmer!

Diese Geschichte und meine dadurch zweifelsfrei bewiesene Unsichtbarkeit musste ich erst einmal seelisch verkraften. Andererseits …, alles hat auch seine gute Seite, und wer mich kennt, weiß, dass ich so schnell nicht aufgebe. Doch ich möchte den Ereignissen nicht vorgreifen. Jedenfalls begann ich mich schlau zu machen, ob und inwieweit Unsichtbare überhaupt Spuren hinterlassen. Zum Beispiel in Form von DNA. Leider ergaben meine gründlichen Recherchen in Bibliotheken und im Internet mit allen möglichen Datenbanken keine eindeutigen Ergebnisse. Und hier muss einmal gesagt werden: Solch akademisches Wischiwaschi ist wirklich ein Armutszeugnis und geradezu eine Schande für die Wissenschaft! Allerdings bin ich von Natur aus Optimist und ging also auch diesmal vom günstigsten Fall aus. Um es nun doch schon an dieser Stelle zu berichten: Meine Frau und ihr Liebhaber fanden ihr verdientes Ende. Dass ihr plötzlicher Tod Medizinern und Kriminalisten ein unlösbares Rätsel blieb, wunderte mich nicht.

Nachdem diese Angelegenheit erledigt war, konnte ich mich den weitaus größeren Problemen widmen, nämlich meiner immer noch andauernden Stimmlosig- und Unsichtbarkeit. Obwohl ich selbst kaum etwas daran zu ändern vermochte, begann beides sich irgendwann doch zum Guten zu wenden. (Hoffentlich hatte ich's rechtzeitig bemerkt, denn zu unangenehm wäre es mir gewesen, für Frau Hasenbank-Brockmeyer plötzlich sichtbar zu werden auf meinem allabendlichen Beobachtungsposten vor ihrem Badezimmerfenster!)

Kurz und gut: Kleinlaut meldete sich meine Stimme zurück, und immer häufiger gewann ich auch den Eindruck, ich würde ab und an wieder wahrgenommen. Als ich nämlich eines Tags wie üblich in meiner permanent unsichtbaren Zeit sorglos bei Fußgängerrot über die viel befahrene Straße schlenderte, stoppte abrupt ein Auto vor mir. Sofort sah ich an mir herunter, ob ich auch korrekt angezogen war (offen gestanden, in letzter Zeit hatte ich mir angewöhnt, mich eher etwas nachlässig zu kleiden). Zum Glück war hier aber alles in Ordnung. Doch die Tatsache, dass die Autofahrerin für mich gebremst und mir sogar ein Lächeln gegönnt hatte, versetzte mich in eine derartige Hochstimmung, dass ich vor Freude von einem Bein auf das andere hüpfend nach Hause eilte.

Wie Sie inzwischen vielleicht bemerkt haben, bin ich ein methodisch vorgehender Mensch, und so führte ich zur Erhärtung meiner Erkenntnisse auch dieses Mal einen Test durch. Es war Oktober, bis zum nächsten Schneefall wollte ich jedoch auf keinen Fall warten. Deshalb fuhr ich an die Ostsee, wo ich sofort meine Schuhe und Strümpfe auszog und ungeachtet der herbstlichen Kühle am Meeressaum über den festen, nassen Sand wanderte. Und zwar rückwärts, denn natürlich musste ich auffallen, um nicht – trotz möglicher Sichtbarkeit – übersehen zu werden. Es schien mir wie ein Wunder: Nicht nur, dass sich vor mir meine zurückbleibenden Barfußabdrücke deutlich abzeichneten, sondern auch die Tatsache, dass eine Horde johlender Kinder auf mich zurannte, um unter meiner Führung ebenfalls umgekehrt verlaufende Spuren zu hinterlassen. Das durfte ich doch wohl als einen mehr als ausreichenden Beweis für meine wiedergewonnene Sichtbarkeit deuten!

Seither sind diese Irritationen offenbar auch auf Dauer überwunden, und inzwischen lebe ich mit Ludmilla (verwitwete Hasenbank-Brockmeyer) in ausgesprochen glücklicher Ehe. Nur mit einer Sache errege ich immer wieder den Unwillen meiner lieben Frau. Nämlich stets dann, wenn ich laut singend mit lehmigen Stiefeln kreuz und quer über unseren hellen Teppichboden laufe. Aber natürlich kann sie nicht wissen, warum ausgerechnet dies mir solch unbändige Freude bereitet.

Doppelkonzerte

Das gestrige Konzert war wieder ein voller Erfolg, vor allem der Beethoven. Unsere Spezialeinsätze kamen präzise, die Intonation gelang makellos und vor allem stimmte das Timing. Ohne Überheblichkeit darf ich wohl feststellen: Wir haben eine grandiose Leistung erbracht! Es gibt eben diese Sternstunden, die die Essenz des Daseins ausmachen und an die man im Laufe der Zeit immer wieder voll dankbarer Zufriedenheit zurückdenkt. Jene Augenblicke vollkommenen Glücks, in denen der durch all die Jahre investierte zähe Fleiß und das Ringen um Perfektion endlich Früchte tragen! Natürlich muss für unsere Aktivitäten auch eine gewisse Begabung mitgebracht werden. Am wichtigsten scheint mir jedoch – neben allem anderen –, dass ein jeder, der unserem lockeren Bündnis angehört, nicht nur mit Freude und innerer Anteilnahme seine Arbeit verrichtet, sondern vor allem von deren Bedeutsamkeit durchdrungen ist!

Es ist nun wohl nun an der Zeit, endlich an

die Öffentlichkeit zu treten, zumal eine ignorante Gesellschaft unsere Leistungen einfach nicht zur Kenntnis nehmen will. Das liegt natürlich auch daran, dass wir anscheinend für Print-, Hör- und Bildmedien überhaupt nicht existieren. Ganz offenkundig herrscht eine Art Zensur, die generell eine Berichterstattung über unseren Kampf gegen die penetrante Allmacht der klassischen Musik in Konzertsälen verbietet. Konsequent wird unsere Tätigkeit einfach totgeschwiegen! So manchen meiner Freunde erfüllt dies mit Bitterkeit, wenn auch glücklicherweise nicht mit Resignation. Wir teilen eben das Schicksal so vieler Akteure, die unverdrossen und mit Hingabe im Verborgenen wirken – ohne jemals ein Dankeschön, geschweige denn eine materielle Entschädigung zu ernten. Sie haben richtig verstanden: Unsere Arbeit erledigen wir ehrenamtlich. Und nicht nur das. Hinzu kommt, dass wir nicht unbedeutende Teile unseres Privatvermögens aufwenden, um Reisen zu finanzieren bis zu den entlegensten Musiktempeln samt Eintrittskarten für Sitzplätze an den strategisch wichtigen Stellen.

Zwar sind wir alle Solisten, dennoch verstehen wir uns als Teil eines Ganzen. Jeder arbeitet als wichtiges Rädchen, von denen eines in das andere greift, denn nur so kann unser Auftrag erfüllt werden. Niemals wäre ein Einzelner von uns imstande, das jeweilige verantwortungsvolle Vorhaben ohne die Interaktionen der anderen wirkungsvoll zu bewältigen!

Ja ..., die Macht der Musik ... Wer wagte, sich deren besonders im Konzertsaal praktizierten suggestiven Kraft zu widersetzen? Die Antwort lautet: Wir, die Konzerthuster! Noch jetzt bin ich von Stolz durchdrungen, wenn ich an meinen gestrigen so überaus gelungenen Kampfeinsatz zwischen Takt 99 und 122 denke. Jeder der Anwesenden wird bestätigen müssen, dass damit das Eis im Saal gebrochen war. Das Publikum, gedanklich noch mit Alltagsproblemen und körperlich mit der Verdauung des Abendessens beschäftigt, wurde endlich aus seiner Lethargie gerissen. Wie elektrisiert zuckte es zusammen! Mir schien fast, als ob alle – selbst der Dirigent und die Musiker – für einen Moment innehielten, um dem volltönenden Klang meines präzis angebrachten subtilen Husters hinterherzulauschen. Die Köpfe zahlreicher Zuhörer drehten sich in meine Richtung, und wie schon einige Male bei ähnlichen Gelegenheiten überkam mich wieder dieses prickelnde Gefühl, ein Mann von Bedeutung zu sein. Einer, der den Anspruch der Musik auf Alleinherrschaft im Konzertsaal nicht zu dulden gewillt ist. Jemand, der handelt statt zu reden. Ein Mann der Tat!

Ohne zu zögern, bereiteten die Kollegen nach dem von mir gegebenen Startsignal nun ihren eigenen Einsatz vor: Das Gefecht gegen die Diktatur der Musik galt als eröffnet. Jeder Einzelne wusste genau, was zu tun war. Das ist umso mehr anzuerkennen, als den Aktionen niemals eine Probe vorausgehen kann, und unsere Arbeitsgemeinschaft sich immer wieder neu zusammensetzt – Abonnementskonzerte nehmen hier natürlich eine Sonderstellung ein.

Ach, wie liebe ich es, dem Wirken meiner zufälligen Gefährten zuzuhören! Zum Beispiel jener einzige, präzis auf eine Fermate gesetzte kurze trockene Räusperer! Solch eine Spitzenleistung setzt nicht nur hervorragende Detailkenntnisse der Partitur voraus, sondern auch große Erfahrung. Denn Anfänger in unserem Metier arbeiten instinktiv gern an Forte- oder Fortissimo-Stellen. Welch unnötige Energieverschwendung! Sinnlos verpufft die beabsichtigte Wirkung in Tuttipassagen, tosenden Paukenwirbeln oder dem Spiel sämtlicher Blechbläser. Nicht von ungefähr lautet unsere Regel Nummer eins: Erziele mit geringstem Aufwand den größtmöglichen Effekt!

Begeistern können mich auch jene rau bellenden Attacken, die wie geschaffen sind, über ganze Partiturseiten gehende gezupfte Pianissimo-Passagen der ersten Geigen zuzudecken. Und immer wieder bin ich fasziniert von hartnäckigen Salven eleganter Hüstler aus weiblicher Kehle, denen in seltenen Glücksfällen ein gurgelndes, in zahlreichen Anläufen tief aus einer Raucherbrust sich quälendes Gedonner antwortet, und dem nach angemessener Pause noch einzelne Röchler folgen. Zu meinem großen Bedauern muss ich allerdings feststellen, dass hier die EU-Gesundheitsminister perfide gegen uns arbeiten.

Gestern nun bemerkte ich zu meiner großen Freude eine außerordentliche Neuerwerbung für unser hiesiges Konzertleben: Einen satten, dunkel dumpf und betont sonor klingenden Husten – sozusagen ein rechter Männerhusten. Er erinnerte ein wenig an jenen, der mich seinerzeit bei den Salzburger Festspielen so nachhaltig beeindruckt hatte. Übertrieben fand ich damals jedoch, dass der Kollege nach jeder seiner Aktionen aufstand, um sich artig nach allen Seiten zu verbeugen und dem Publikum Kusshändchen zuzuwerfen. Zwar musste ich unwillkürlich seinen Schneid bewundern, aber diese Art von Öffentlichkeitsarbeit ist für meinen Geschmack doch eine Spur zu plump. Nun ja, in Österreich denkt man vielleicht anders darüber.

Wenn wir einmal besonders gut gelaunt sind, machen wir uns auch den Spaß, während der kurzen Pause zwischen zwei Sätzen einer Sinfonie zu arbeiten. Es heißt dann nur, sich zu gedulden, bis der Dirigent den Stab erhoben hat und die Musiker aufs Äußerste konzentriert zu ihm aufsehen. Genau in diesem Augenblick sollte einer von uns mit einer dröhnenden Hustenattacke einfallen, sodass der Maestro resigniert die Hände sinken lässt. Ist er klug, wird er abwarten, ob weitere Huster folgen. Erst wenn er in absoluter Stille zum zweiten Mal den Stab hebt, werden unsere nächsten Mitstreiter aktiv. Dieses Spiel kann beliebig wiederholt werden, und ich selbst habe einmal erlebt, dass der Dirigent schließlich entnervt aus dem Saal eilte. Solch ein Erfolg zählt natürlich zu den absoluten und leider viel zu seltenen Höhepunkten unseres segensreichen Wirkens.

Durch meine Ausführungen dürfte deutlich geworden sein, dass – selbst, wenn die besten Voraussetzungen vorliegen – unsere Kunst nicht von heute auf morgen beherrscht werden kann. Ein Beispiel: Dem Anfänger sind oft nicht einmal die elementarsten Voraussetzungen zum garantierten Erwerb eines ausgereiften Konzerthustens geläufig! Erst mit den Jahren lernt er, dass hierfür – falls ein Herbsturlaub in den Tropen seine finanziellen Möglichkeiten übersteigen sollte –, doch zumindest acht Tage Ferien im sommerlichen Klima von Mallorca unabdingbar sind. Nach Rückkehr in den Norden sorgt das unfreundliche Novemberwetter unweigerlich für eine solide Erkältung. Und nach den anfänglichen Halsschmerzen, dem folgenden Schnupfen wird sich gerade noch rechtzeitig zu Beginn der Konzertsaison der angestrebte Husten einstellen.

Eine von uns in Auftrag gegebene Untersuchung hat übrigens eindeutig ergeben, dass zur Bewältigung unserer Aufgaben der November tatsächlich der ideale Monat ist. Zwar mögen der Februar oder der wetterwendische April auch ihr Gutes haben. Nichts aber geht über den November mit seinen erfreulich vielen nasskalten Nebeltagen! Achten Sie doch anlässlich eines Konzerts einmal darauf, wie außerordentlich effektiv unser Wirken gerade in diesem Monat ist!

Möglicherweise sind Sie selbst soeben von einem Urlaub in südlicheren Breitengraden zurückgekehrt und möchten sich uns anschließen? Haben Sie keine Scheu, sich an einen der Unsrigen zu wenden! Bekanntermaßen finden Sie uns über den ganzen Saal einschließlich der Ränge verteilt.

Um aber ein wirklich erfolgreiches Mitglied unserer Arbeitsgemeinschaft werden zu können, müssten Sie selbstverständlich nicht nur das nötige Engagement mitbringen, sondern vor allem Musikalität und Notenkenntnisse besitzen. Denn ohne gründliches Studium bis zum Auswendiglernen der jeweiligen Partitur könnten Sie kaum imstande sein, jemals die gewünschte Perfektion zu erreichen.

Aber wer weiß, vielleicht wird Ihnen irgendwann sogar etwas ähnlich Sensationelles gelingen wie mir mit meiner bisherigen Bestleistung. Dies ist zwar schon eine Weile her, aber ich erzähle immer wieder gern davon: In einer Dreiviertelpause durfte ich nach sanft ausklingenden Geigenklängen einen ausgesucht hübschen sonoren Huster platzieren. Dieser lag exakt eine große Terz tiefer als das folgende Trompetensolo und kündigte jenes genial kontrapunktierend an.

Eine cremefarbene, bügelfreie Bluse

Wenn ich morgens beim Aufwachen höre, wie der Regen munter gegen das Fenster prasselt und der Sturm melodisch ums Haus pfeift, springe ich frohgemut aus dem Bett: Dies ist ein idealer Tag, um in die Stadt zu fahren und in meinem bevorzugten Kaufhaus mal wieder nach einer cremefarbenen, bügelfreien Bluse mit kurzen Ärmeln zu suchen.

Gleich mir sind dort zahlreiche Frauen jeden Alters auf der Suche. Wonach? Vielleicht ebenfalls nach einer cremefarbenen, bügelfreien Bluse mit kurzen Ärmeln? Oder auch nur nach ein wenig Gesellschaft? Oder gar dem Glück? Während ich die Bügel mit den Blusen auf den langen Gestellen hin- und herschiebe, kann ich kaum erwarten, dass eine der Frauen an meiner Seite oder mir gegenüber beginnt, selbstvergessen vor sich hin zu summen. Ich habe festgestellt, dass an diesen Regen- und Sturmtagen besonders gern gesummt wird. Manchmal summe ich dann leise mit oder improvisiere eine zweite Stimme. Letzteres erfordert allerdings höchste Konzentration, da auch die erste Stimme improvisiert ist. Denn niemals handelt es sich um bekannte Melodien, stets nur um kompositorische Augenblickseinfälle, aufgelockert höchstens durch kurze Rezitative wie: »Oh, entschuldigen Sie bitte!« oder »Darf ich mal eben?« oder »Wieder nix dabei!«

Bereits seit zwei Jahren befinde ich mich auf der Suche nach einer cremefarbenen, bügelfreien Bluse mit kurzen Ärmeln. Stattdessen hängen in meinem Kleiderschrank aus lauter Frust gekaufte rosa, hellblaue, gelbe, grüne, orangene, braune, graue, weiß oder rot gepunktete, geblümte, gestreifte und karierte Blusen, T-Shirts und Tops.

Manchmal begegnet mir in meinem Kaufhaus dieser grauhaarige, melancholisch wirkende Mann vom Sicherheitsdienst. Obwohl er die schmucke schwarze Uniform mit den silbernen Litzen tragen darf, wirkt er abgrundtief traurig. Vermutlich liegt dies daran, dass er auf den Monitoren der Videoüberwachung nie etwas Schönes zu sehen kriegt. Höchstens darf er mal die alt bekannten Tricks der Ladendiebe beobachten, aber das wird auf Dauer sicher ziemlich langweilig. Wen sollte es da nicht wundern, wenn einer verbittert wird? Ich mache mir da so meine Gedanken ...

Wenn ich an den bewussten Regen- und Sturmtagen die Blusen anprobiere, die ich statt der gesuchten cremefarbenen, bügelfreien mit kurzen Ärmeln in Erwägung ziehe, bevorzuge ich jetzt nur noch Kabinen mit Videokamera, denn ich möchte diesem melancholischen Mann ein wenig Freude bereiten. Während ich also mit verheißungsvollem Blick in das Objektiv der Kamera schaue, zelebriere ich für ihn einen erstklassigen Striptease. Langsam, ganz langsam streife ich meinen Steppanorak über die Schultern und lasse ihn achtlos auf den Boden fallen. Mit meinen Fingerspitzen zeichne ich unerhört sinnlich die Konturen meiner wasserdichten Winterstiefel nach, bevor ich sie entschlossen von den Füßen schleudere, lasse mich graziös auf dem Hocker nieder, knöpfe meine warme Flanellbluse auf und öffne Häkchen für Häkchen den Reißverschluss meiner Bequembundhose.

Hin und wieder, wenn ich mich gerade unglaublich verführerisch in Achselhemd und wollenem Langbeinschlüpfer vor der Kamera drehe, wird abrupt der Vorhang zurückgezogen. Doch leider sind es immer nur die zum Einkauf mitgeschleppten Kleinkinder, die keine Lust mehr haben, zwischen den Abendkleidern Versteck zu spielen und nun verzweifelt ihre Mama suchen. Zum Glück kommt meistens gleich darauf die Mutter herbeigeeilt, die mir entschuldigend zunickt und ihr Kind barsch zurechtweist: »Willst du die Oma wohl in Ruhe lassen?«

An einigen Tagen bin ich vom Anprobieren dermaßen erschöpft, dass ich mich für eine Weile zurückziehen muss. Diesmal achte ich darauf, eine Kabine ohne Videoüberwachung zu erwischen. Drei wahllos gegriffene Kleidungsstücke hänge ich als Besetztzeichen sichtbar an den entsprechenden Haken und nehme dann auf dem Hocker Platz: Jetzt ist es Zeit für ein zweites Frühstück. Natürlich habe ich vorgesorgt. Glauben Sie mir, es gibt kaum etwas Schöneres, als in einer Ankleidekabine heimlich die Thermoskanne aufzuschrauben, den duftenden Kaffee in den Plastikbecher zu gießen und dann endlich in das unterwegs gekaufte Kirschsahnestück zu beißen!

Habe ich mich wieder erholt, schlendere ich gern in die Abteilung für Herrenoberbekleidung. Zwar wird hier nicht gesummt, aber dafür gibt es jede Menge Action und sogar einige bequeme Stühle. Die sind eigentlich für die Frauen vorgesehen, die ihren Angetrauten durch bewährte Zermürbungstaktik dazu gebracht haben, sich einen neuen Anzug zuzulegen.

Gegen die Leidensmienen dieser zwangsweise ins Kaufhaus mitgeschleiften Ehemänner wirkt selbst mein trauriger Sicherheitsdienstmann überschäumend fröhlich. Und nie sind die Ehefrauen zufrieden! »Zieh mal diesen Anzug an!«, befehlen sie und kurz darauf »Jetzt diesen!« und immer noch einen anderen. Unermüdlich schaffen sie sogar aus dem entferntesten Winkel Ware herbei! Wenn aber dann der arme Kerl mit zaghaftem Lächeln aus der Kabine tritt, beginnt die Ehefrau so zu lachen, dass sie sich sogar die Tränen abwischen muss. »Wie siehst du denn aus!«, ruft sie, »steh doch nicht so appeldwatsch rum! Zieh deinen Bauch ein! Hab ich dir«, zischt sie eine Spur weniger laut, »hab ich dir nicht gesagt, dass du ein anständiges Hemd anziehen sollst?« In solchen Fällen sehen die hochgradig verstörten Ehemänner Hilfe suchend in meine Richtung. Und jetzt darf ich mein Helfersyndrom ausleben – wenn auch nur andeutungsweise. Denn leider vermag ich nichts weiter für sie zu tun, als ihnen aufmunternde Blicke zuzuwerfen und das V-Zeichen zu machen.

Wenn morgens beim Aufwachen die Sonne in mein Zimmer scheint und draußen die Vögel munter zwitschern, springe ich ganz besonders frohgemut aus dem Bett. Heute ist ein idealer Tag, das kürzlich in meinem bevorzugten Kaufhaus erworbene Kleidungsstück zurückzugeben!

In der Blusenabteilung genügen ein flüchtiger Blick und ein kurzes Hinhorchen, um zu wissen, dass heute keine summenden Frauen unterwegs sind. Auch der melancholische Securitymensch zeigt sich nirgends. Beim Kundendienst werde ich dann ohne Weiteres den statt der cremefarbenen, bügelfreien Bluse mit kurzen Ärmeln gekauften Jogginganzug los und erhalte dafür einen Gutschriftsbeleg. Und jedes Mal, wenn ich mir anschließend den Betrag an der Kasse auszahlen lasse, staune ich darüber, auf wie einfache Weise man bares Geld verdienen kann!

Mit nun wieder aufgefülltem Portemonnaie fahre ich hoffnungsvoll auf der Rolltreppe hinunter in die Blusenabteilung. Hier schaue ich mich in gespannter Erwartung um: Vielleicht sind inzwischen cremefarbene, bügelfreie Blusen mit kurzen Ärmeln eingetroffen?

Im Ruhestand

Seit drei Monaten ist mein Mann im Ruhestand. Vierzig Jahre war er im Schuldienst, und zwar als Grundschullehrer. Nachdem nun die ganze Feierei mit dem Schulrat, dem Bürgermeister und den anderen Kollegen vorüber ist, macht sich der Alltag bei uns breit.

Vorbei ist's für mich mit dem freien Leben: Ade, du gemütlich im Bett verbrachte Zeit, nachdem morgens der Mann mit der Aktentasche aus dem Haus gegangen ist! Ade, ihr besinnlichen Frühstücksstunden! Ade, mein geliebtes Vormittagsfernsehen!

Jetzt ist alles geregelt: Montagmorgens steht zum Beispiel »Einkaufen« auf dem Stundenplan. Dann klettern wir auf unsere Fahrräder und machen uns auf den Weg zum Supermarkt. Mein Mann hat alles notiert, was wir brauchen. Er liest vor, und ich darf die Waren in den Einkaufswagen packen. Manchmal möchte ich etwas hineintun, was nicht auf seinem Zettel steht. Aber schnell sehe ich ein, dass so etwas natürlich nicht geht. Wo kämen wir denn da hin! Ganz zu schweigen, wie schwierig es mit dem Haushalts-buch würde, da man gar keine vollständigen Unterlagen mehr hätte!

Wenn wir an der Kasse stehen, ist »Rechnen« dran. Mein Mann möchte, dass ich eines Tages das abgezählte Geld bereithalte, bevor die Kassiererin die Summe nennt. Früher habe ich immer geraten und meistens daneben. Aber vor zwei Wochen schenkte mir unser Sohn einen winzigen Taschenrechner, den ich in meiner Manteltasche heimlich mit den Preisen füttere. Vorläufig rechne ich immer noch etwas falsch – aber nur mit Cent, damit mein Mann nicht stutzig wird. Doch eines Tages werde ich der Kassiererin das exakt abgezählte Geld auf den Tisch legen. Das wird ein Freudentag für meinen Mann: Dann kann er endlich seine pädagogische Arbeit von Erfolg gekrönt betrachten!

Nachmittags muss ich mich mit dem Haushaltsbuch abplagen. Das macht mir wirklich schwer zu schaffen. Trotz der Einkaufszettel tauchen plötzlich achtundneunzig Cent auf, die ich absolut nirgends unterbringen kann. Manchmal versuche ich zu schummeln oder ich verbuche die achtundneunzig Cent unter »Verschiedenes«. Doch mein Mann merkt alles. Zuweilen habe ich an einem einzigen Tag zehn Fehler! Dann sieht die Seite im Haushaltsbuch ganz rot aus von all den »Falsch« mit Ausrufezeichen, und ich muss mich hinsetzen und eine Berichtigung schreiben.

Kochen darf ich ganz allein und das macht mir auch viel Spaß. Normalerweise koche ich ja nur für uns beide, aber wenn sich Besuch angemeldet hat, geht das Rechnen wieder los. Mein Mann prüft meine Fortschritte: »Wenn du für zwei Personen fünf Kartoffeln brauchst, wie viel brauchst du dann für sechs Personen?« Wenn ich richtig geraten habe, schält zur Belohnung er die Kartoffeln.

Wirklich unangenehm ist manchmal das »Melden«, wenn ich etwas sagen möchte. Besonders im Restaurant oder im Bus oder sonst wo in der Öffentlichkeit. Die anderen Leute gucken dann immer so komisch. Zum Glück ist das Aufstehen, wenn man schließlich drangenommen wird, auch in der Schule seit langem aus der Mode, sodass ich beim Reden immer sitzen bleiben darf.

Von Zeit zu Zeit wird mir die ganze Schulmeisterei tatsächlich ein wenig zu viel. Dann hole ich meine Laubsägearbeit hervor und fange nach Herzenslust an zu sägen, gerade wenn mein Mann in seinen geheiligten Mittagsschlaf gefallen ist.

Danach fühle ich mich besser und beinahe so wie früher, als er noch nicht im Ruhestand so war.

Malkursus

Es heißt allgemein, dass Frauen zu malen beginnen, wenn sie unglücklich sind. Bei mir war das ganz anders. Nachdem die Kinder aus dem Haus sind, mein Mann mich wegen einer Jüngeren verlassen hat und kürzlich auch mein Hund gestorben ist, blieb mir eben einfach nur zu viel freie Zeit. Eines Tages fiel mir ein, dass Oma meine Kinderzeichnungen immer so gelobt hatte, und daher beschloss ich, auf dieser Begabung aufzubauen. Die Wahl des geeigneten Malkurses war nicht besonders schwierig, denn der einzige für Anfänger, der in unserer Volkshochschule angeboten wurde, war der für Aquarellmalen.

Am ersten Abend standen ungefähr zwanzig Frauen vor dem Klassenzimmer auf dem Flur herum und warteten auf die Lehrerin. Sie waren alle etwa in meinem Alter, so zwischen vierzig und fünfzig. Aber es muss einmal gesagt werden: Ausgesprochen unglücklich wirkte keine! Statt der Lehrerin erschien schließlich ein junger

Mann, der erklärte, er sei die Ersatzkraft, denn die Lehrerin hätte ein Kind bekommen. Uns Frauen war das recht, nur ärgerten wir uns, dass wir heute die alten Hosen und ausgeleierten Pullover angezogen hatten.

Unser Lehrer war wirklich süß. Er sah beinahe wie ein echter Künstler aus in seiner schwarzen Hose, schwarzem Hemd und dem dreimal um den Hals gewickeltem schwarzen Tuch!

Als Erstes beschlossen wir, uns alle beim Vornamen zu nennen. Unser Lehrer hieß Jörg-Dieter, und der Name passte wirklich gut zu ihm. Ich dagegen sehe überhaupt nicht wie eine Brunhilde aus. Darum sagte ich, ich sei die Heidi, und das haben die anderen auch geschluckt.

Jörg-Dieter hielt zunächst einen kurzen Einführungsvortrag. Unter anderem sagte er, wir müssten zuerst richtig sehen lernen, bevor wir anfingen zu zeichnen. Zu diesem Zweck stellte er einen alten, verbeulten Wasserkessel auf den Tisch. Nachdem wir den eine ganze Weile angeguckt hatten, durften wir mit dem Zeichnen beginnen. Die anderen Frauen skizzierten sofort drauflos, und einige begannen sogar schon zu aquarellieren, als ich noch nicht mal mit Bleistiftanspitzen fertig war. Die besuchten den Anfängerkursus vermutlich nur, weil sie hier mal so richtig angeben wollten. Eine Frau fragte Jörg-

Dieter, ob er auch Wasserkessel oder ähnliches Küchengerät male, aber er antwortete, er selbst arbeite nur abstrakt.

Zum nächsten Malunterricht erschienen fast alle Frauen schick angezogen und zurechtgemacht. Als ich vor der Stunde ein bisschen aus dem Fenster guckte, beobachtete ich, wie zwei von uns aus Jörg-Dieters »Ente« einen schweren Karton wuchteten. Unser Lehrer stand daneben und passte auf, dass sie dabei nicht den lila Autolack zerkratzten. Netterweise ging er danach voran und öffnete ihnen die Tür, als sie nach einiger Zeit vollkommen erschöpft von dem Gewicht und den drei Treppen bei uns ankamen.

An diesem Abend sollten wir unterschiedliche Formen zeichnen, und hierfür hatte er lauter verschiedene Reinigungsmittelflaschen mitgebracht. Die nahm er eine nach der anderen aus dem Karton und baute sie dekorativ auf dem Tisch auf.

Das Flaschenzeichnen war gar nicht so einfach. Dauernd riefen irgendwelche Frauen: »Jörg-Dieter, komm mal bitte!« Das waren die, die sich an ihn ranschmeißen wollten. Zu mir kam er ganz freiwillig, und als er sich über meine Zeichnung beugte, fielen seine langen Haare in mein Gesicht und ich roch sein Deodorant. Da konnte ich die anderen Frauen verstehen.

Meine Flaschen wurden irgendwie überhaupt

nicht ähnlich. Nachdem ich zum Schluss aber die Markennamen deutlich draufgemalt hatte, konnte man sie doch erkennen. Das mit den Reinigungsmitteln war von Jörg-Dieter wirklich gut überlegt. Denn eines Tages würden sie sowieso alle verboten werden wegen der Schadstoffe, und so hat man später doch wenigstens eine schöne Erinnerung.

Ende des Semesters überlegten wir, womit man Jörg-Dieter zum Abschied eine Freude bereiten könne. Alle stimmten darin überein, er brauche unbedingt einen neuen Wasserkessel. Als der ihm am letzten Abend überreicht wurde, war er richtig gerührt und versprach: »Ich werde immer an euch denken, wenn ich Teewasser für Wolf-Hinrich und mich koche!«

Im Theater

Da ich ziemlich kulturbeflissen bin, gehe ich häufig ins Theater. Zu diesem Zweck pflege ich für die jeweilige Saison ein Abonnement zu buchen. Dann muss ich nicht lange überlegen, was ich sehen möchte, sondern wenn mein Abonnementring dran ist, ziehe ich einfach mein neues Kleid und die guten Schuhe an und mache mich auf den Weg ins Stadttheater.

Kürzlich las ich in unserer Zeitung, dass die Stadt pro Theaterplatz hundertsechseuroachtundneunzig zuschießt. Seitdem ich das weiß, gehe ich noch lieber hin. Da mein Abonnement durchschnittlich zwanzig Euro pro Aufführung kostet, habe ich somit jedes Mal sechsundachtzigeuroachtundneunzig verdient. Das macht in der Saison achthundertneunundsechzigeuroachtzig!

An einem Theaterabend gibt es naturgemäß viel zu sehen und zu hören. Nicht nur auf der Bühne, sondern auch im Zuschauerraum. Vom Bonbonpapierknistern will ich hier gar nicht reden. Das kommt so unvermeidlich wie das Amen in der Kirche. Beliebt ist seit eh und je – und auch das wird sich nach meiner Meinung nie ändern – das geräuschvolle Öffnen der zweiten Tür im seitlichen Rang links genau zu dem Zeitpunkt, an dem die Huster und Räusperer endlich verstummt sind. Weit störender ist das vorzeitige oder nachträgliche Aufstehen von einem Platz in der Mitte des Parketts. Die Reihen sind überwiegend so eng hintereinander angeordnet, dass sich sämtliche Leute erheben müssen, damit derjenige vorbeikommt.

Schon im Foyer beobachte ich ab und zu Frauen – meistens sind es welche mütterlichen oder großmütterlichen Typs – mit ausgebeulten Abendtäschchen, aus denen oft noch der Ärmel eines zusammengerollten Bademantels heraushängt. Das sind diejenigen, denen die Nackten auf der kalten und zugigen Bühne leidtun. Ganz einfach scheint aber das Werfen eines Bademantels über einen entblößten Schauspieler nicht zu sein! Schon zweimal musste ich mit ansehen, wie das gute Stück vorzeitig seine Flugbahn beendete und auf der kunstvoll gestylten Frisur der Dame in der ersten Reihe (Platz zwölf) landete.

Hinter vorgehaltener Hand hat man mir kürzlich erzählt, dass einige der mitleidigen Frauen inzwischen dazu übergegangen seien, ein Gewicht oder einen Stein in die Bademanteltasche zu stecken. Das soll die Zielgenauigkeit enorm verbessern. Trotzdem – bei Theatervorstellungen mit Nackten tausche ich meinen Platz lieber gegen einen weiter hinten um.

Früher haben mich derartige Aktivitäten ziemlich gestört. Seit mein Psychotherapeut mir aber erklärt hat, alles sei nur eine Frage der inneren Einstellung, sitze ich völlig entspannt in meinem Sessel und denke positiv: Wie sehr wird doch das Versmaß in einem klassischen Drama durch rhythmisches Auf- und Zuknipsen eines Brillenetuis akzentuiert! Bei dem Stück »Die heilige Johanna« weist rechtzeitiges Knistern von Bonbonpapier schon auf das Feuer hin. Und metallisches Rasseln einer modischen Damenhandtaschenkette während einer Liebesszene lässt an die spätere Ehe der Akteure denken. Doch wie absolut wird mir aus der Seele gesprochen, wenn die ältere Dame rechts neben mir, nachdem der Intrigant den Prinzen hinterrücks erdolcht hat, ehrlich empört in Richtung Bühne ruft: »So eine Gemeinheit!«

Nach solch einem Theaterabend gehe ich besonders beglückt nach Hause.

Auf dem Dampfer

Inzwischen gehöre ich schon zu den alten Hasen auf dem Dampfer, der natürlich nicht mehr dampft, sondern dieselt. Morgens fahre ich damit über die Kieler Förde zu meinem Halbtagsjob und mittags wieder zurück nach Hause. Wir, die wir täglich den Dampfer benutzen, kennen uns alle vom Sehen und sagen morgens »Moin!« und mittags »Mahlzeit!« Auch die Matrosen grüßen wir und alle grüßen freundlich zurück. Bis auf den Neuen. Aber den kriegen wir auch noch hin. Das mit dem Moin-Mahlzeit-Sagen haben wir noch jedem beigebracht!

Zwar grüßen sich alle Stammfahrer, aber es sitzen oder stehen noch längst nicht alle zusammen. Da gibt es ganz bestimmte Gruppierungen. Zum Beispiel die Banker. Die stehen oben im Freien und lassen sich den Wind um die Nase wehen. Die Beamten der Landesregierung bleiben lieber unter dem Vordach und pflegen dort interministerielle Kontakte. Dazwischen bewegen sich die Frühaufsteher unter den Professoren oder sonstigen Wissenschaftlern. Deren Standpunkt ist mal hier, mal da. Die Schüler saßen früher immer nur oben. Aber seit überall das Rauchen verboten ist, bevölkern sie auch den unteren Salon, sodass Erwachsene mit einer empfindlichen Nase sich lieber draußen aufhalten.

Als ich vor vielen Jahren zu den »Halbtagsdamen« stieß, waren es noch andere als jetzt. Die von damals sind inzwischen fast alle in Rente. Die fünf Damen trugen zu jener Zeit grüne oder graue Jägerhütchen, sodass ich anfangs dachte, sie gehörten zu einem Verein. Als sich dann jedoch eine Neue mit einer roten Baskenmütze dazugesellte, verschwanden allmählich die Hütchen und eine rote Mütze nach der anderen tauchte auf.

Morgens berichten wir gewöhnlich, wie knapp wir den Dampfer noch erreicht haben. Obwohl der Kapitän natürlich nie ablegen würden, wenn er sieht, dass eine von uns angerannt kommt. Aber natürlich ist es etwas peinlich, wenn er nur unseretwegen tutet. Auf dem Rückweg sind wir Halbtagsdamen so ziemlich unter uns. Dann erzählen wir Neuigkeiten über unseren Chef, die lieben Kollegen und die viele Arbeit, die einfach nicht zu schaffen ist.

Im Winter fahren mittags auch andere Stammgäste mit. Dienstags sitzt zum Beispiel ganz hinten rechts der ältere Herr, der genüsslich sein Menü aus der Warmhaltepackung verspeist. Er bevorzugt Gerichte mit Zwiebeln und Knoblauch. Die alte Dame im durchsichtigen Plastikmantel, die ihre Füße gleich nach dem Einsteigen hochlegen muss, haben wir lange nicht mehr gesehen. Wir machen uns ein wenig Sorgen um sie.

Ab und zu fährt mal eine Kindergartengruppe oder eine Schulklasse mit. Die toben dann überall auf dem Schiff herum. Ihren Erziehern oder Lehrern ist das ziemlich egal. Der Matrose ist dann manchmal richtig fertig mit den Nerven, sodass wir ihn wieder aufbauen müssen.

Spaß machen uns im Sommer die mitfahrenden Touristen. Einige tun so, als würden sie schon alles kennen. Die gucken auf ihren Stadtplan, und wenn wir an der Landesregierung vorbeikommen, sagen sie: »Und hier ist das Schloss!« Oder den Fluss Schwentine halten sie für den Kanal – je nachdem, wie herum der Faltplan vor ihnen auf dem Tisch liegt. Außerdem sind sie dauernd am Fotografieren. Besonders die GORCH FOCK hat es ihnen angetan, und beim Vorbeifahren kriegen die Männer leuchtende Augen. Ganz alte Leute sagen dann: »Die war früher sogar auf dem Zehn-Mark-Schein!« Vollends aus dem Häuschen sind immer alle männlichen Fahrgäste, wenn mal ein U-Boot auftaucht. Dann wandern ihre Blicke verstohlen zu den kleinen Hinweisschildern »Schwimmwesten«. Vermutlich erinnern sie sich an die Zeitungsmeldungen »U-Boot rammt Fischkutter, Bohrinsel, Frachter usw.« Ich glaube aber, da braucht man keine Angst zu haben, denn auf unseren Dampfer haben sie es bestimmt nicht abgesehen.

Richtig wütend werden wir Halbtagsdamen, wenn eine Landratte das Anlegemanöver kritisiert. Diese Leute belehren wir über Unterströmungen, See- und Windstärken, obwohl wir selbst nicht viel davon verstehen. Denn auf unsere Fördedampfer lassen wir nichts kommen! Insgeheim wünschen wir solch einem binnenländischen Besserwisser, dass er mal einen richtigen Herbststurm auf der Förde erlebt und ihm dann ordentlich schlecht wird!

Empfänge

Als ich meinen Mann kennen lernte, war er noch Student, aber trotzdem half er mir stets aus dem Mantel, rückte im Restaurant den Stuhl für mich zurecht und öffnete vor mir die Tür. Da wusste ich gleich, dass er es einmal zu etwas bringen würde, und darum habe ich ihn geheiratet. Inzwischen bekleidet er tatsächlich einen schönen Posten im Ministerium, und auch finanziell kommen wir gut über die Runden.

Wenn nur die offiziellen Empfänge nicht wären! Manchmal, wenn ich mich gerade auf einen gemütlichen Fernsehabend gefreut habe, entdecke ich auf dem Küchenkalender eine Notiz meines Mannes: »18.30 Uhr Empfang«. Dann muss ich die Pantoffeln ausziehen und mich in Schale werfen. Hin und wieder versuche ich, mich zu drücken, aber schließlich beiße ich die Zähne zusammen und gehe doch mit, weil ich weiß, wie wichtig die Ehefrau für die Karriere ihres Mannes sein kann. Man denke nur an Napoleons erste Frau Josephine! Geliebte eines Ministers möchte ich nun allerdings doch nicht werden, die sind alle nicht mein Typ!

Früher wusste ich nie, was ich mit den anderen Leuten reden sollte. Inzwischen fühle ich mich aber schon ganz sicher auf dem glatten Parkett der offiziellen Empfänge, wo man fast immer dieselben Personen trifft. Den Frauen sage ich meistens irgendetwas Nettes. Zum Beispiel über das zauberhafte Kleid, und dabei brauche ich nicht einmal zu lügen. Dass diejenige damit scheußlich aussieht, verrate ich natürlich nicht. Oder ich erkundige mich nach dem Hund. Ich darf ziemlich sicher sein, dass fast jede einen Hund besitzt. Das ist ja auch logisch, denn wen sonst sollte man rumkommandieren, wenn der Ehemann tagelang auf Dienstreise ist?

Die Männer frage ich nach ihrer Meinung zum Dollarkurs oder was zurzeit gerade aktuell ist. Nachdem sie mir alles haarklein erklärt haben, sage ich, dass ich erst jetzt die Zusammenhänge richtig verstehe. Das hören sie gern. Neulich kriegte ich zufällig mit, wie jemand anschließend sehr nett über mich sprach: »Wie kommt dieser dämliche Kistenmöller bloß zu solch charmanter Frau?«

Einer der Herren war bis vor Kurzem wirklich eine harte Nuss. Immer murmelte er nur »ja« oder »nein« und zum Dollarkurs »das weiß ich nicht«. Inzwischen fand ich heraus, dass er an einem Buch schreibt. Das ist ein unerschöpfliches Thema. Wenn ich ihn frage, ob er gut vorankommt, beginnen seine Augen zu leuchten, und am liebsten möchte er gar nicht aufhören zu erzählen. Ich kann dabei in aller Ruhe an wichtigere Dinge denken und mir überlegen, was ich Sonntag kochen soll oder ob ich nun doch das lila Kostüm kaufe. Jedenfalls habe ich schon viel über Literatur gelernt. Zum Beispiel, dass einem die Arme und der Rücken ganz schön wehtun, wenn man stundenlang geschrieben hat, und dass man an einem Buch so gut wie nichts verdienen kann.

Schlimm ist es mit den Namen. Man glaubt gar nicht, wie viel ähnlich aussehende Leute sich auf den Empfängen herumtreiben! Gut, wenn einer mal etwas aus dem Rahmen fällt, wie der kleine Dicke mit dem wuscheligen Bart. Dass er Dürr heißt, habe ich mir gleich bei seinem ersten Auftauchen gemerkt.

Bei den Militärs hingegen, die auf diesen Veranstaltungen immer reichlich vertreten sind, ist das mit der Anrede überhaupt kein Problem: Zu denen im blauen Anzug sagt man »Herr Admiral« und zu denen im grauen »Herr General«. Niedrigere Dienstgrade lassen sie sowieso nicht rein.

Das einzig Angenehme an einem Empfang sind die Häppchen. Mein Mann und ich gucken immer als Erstes, was so an guten Sachen geboten wird. Dann haben wir während der Begrüßungsansprachen etwas, worauf wir uns freuen können.

Kürzlich waren wir zu einem Empfang im Städtischen Museum, und zwar in der Antikensammlung. Überall standen nackte Statuen griechischer und römischer Jünglinge, und man wusste gar nicht recht, wo man hingucken sollte. Zum Glück hatte aber bei den meisten jemand die markantesten Körperteile vorher schon abgebrochen.

Die Tische mit den Häppchen und den Tellerstapeln befanden sich direkt vor dem »Diskuswerfer«. Das war geschickt arrangiert, denn tatsächlich kann man zwischen Diskus und Teller eine gewisse Verwandtschaft erkennen. Nur, dass wir natürlich nicht mit Tellern werfen. Jedenfalls nicht auf Empfängen. Und wenn doch, dann höchstens aus Versehen.

Schrecklich leid tat mir an diesem Abend der Museumsdirektor. Immer, wenn jemand gerade sein leeres Glas auf einer Statue abgestellt hatte, musste er herbeispringen und es wieder wegnehmen. Ich finde aber auch, dass Rotweinränder auf weißem Gips nicht besonders schön aussehen.

Positiv an einem Empfang ist, dass man nach zirka eineinhalb Stunden wieder verschwinden kann. Wenn wir Glück haben, sind wir dann gerade noch rechtzeitig genug zu Beginn des TV-Hauptprogramms wieder zu Hause, und der Abend ist gerettet.

Der Mistgraf

Regelmäßig im Herbst lieferte Bauer Graf den Mist für unseren Hausgarten. Der Mistgraf, so nannten wir ihn, lenkte dann seinen Kastenwagen, den ein zottiges braunes Pferd zog, von der Straße in den Weg hinter den Gärten der Reihenhaussiedlung. Vorher musste Vater immer aufs Neue Mutter davon überzeugen, wie wichtig Stalldung fürs Gedeihen unseres selbst gezogenen Gemüses war. Natürlich sah Mutter dies schließlich ein, obwohl sie spitz bemerkte, seine Hoheit, der Herr Graf, verlange jedes Jahr mehr Geld für seinen Mist.

Vater bestellte üblicherweise ein ganzes Fuder, das er sich mit unseren Grundstücksanrainern teilte. Das wurde billiger, und außerdem beschwerten sie sich dann auch nicht wegen des Gestanks. War jedoch der Mist in die Erde eingearbeitet, herrschte wieder reine Luft. Ebenfalls zwischen Vater und Mutter. Leider nannte Bauer Graf nie einen genauen Liefertermin, sondern kam, wann es ihm passte. Zwar legte er die Woche fest, aber auch hieran hielt er sich nicht immer. Besonders deshalb hegte Mutter ihm gegenüber einen tiefen Groll.

Einmal spielte ich in der Sandkiste, als ich seine Fuhre schon roch, bevor er noch bei uns auftauchte – ausgerechnet an Mutters Waschtag! Seit dem Vormittag hing an den im Garten kreuz und quer gespannten Leinen die weiße Kochwäsche, zu der gegen Mittag noch die Buntwäsche gekommen war. Bereits gestern Abend hatte Vater den gemauerten Waschkessel anheizen müssen, damit das Wasser heute Morgen heiß sein würde. Diese Arbeit mochte er gar nicht, doch meine zierliche Mutter hatte entschieden, Feueranmachen sei Männersache.

Wie immer am Waschtag war auch heute ganz früh Frau Malchowitz erschienen und gleich darauf in der Waschküche verschwunden, wo ich sie nicht stören durfte. Als ich jedoch von außen durchs kleine Fenster spähte, sah ich sie in einer Dampfwolke an Waschbrett und Spültonne wirken. Mittags hatte sie dann wie üblich eine kräftige Suppe und ihren Lohn erhalten und sich mit »bis in vier Wochen!« verabschiedet.

Kaum war Frau Malchowitz fort, tauchte also der Mistgraf auf; mittlerweile hatte er Pferd und Wagen vorm Gartenzaun zum Stehen gebracht. So laut ich konnte schrie ich in Richtung Küchenfenster: »Der Mistgraf!« Mutter guckte raus: »Du liebe Güte! Meine schöne Wäsche!« Ich hörte sie nach oben rufen: »Günther! Kümmere dich bitte s o f o r t um deinen Mist!«

Vater rührte sich nicht, und so musste ich meine Stiefel ausziehen und rauflaufen. Nachdem ich an seine Zimmertür geklopft hatte und einem unwirschen »Herein!« gefolgt war, bemerkte ich gleich die abstehende Locke an einer Seite des glatten Haarkranzes, der seine Glatze umrahmte – ein Zeichen, dass er gerade beim Denken war. Mutter hatte mir nämlich verraten, Vater könne besser denken, wenn er an seinen Haaren dreht. Jetzt erhob er sich vom Schreibtischstuhl und ging ans Fenster. »Scheiße!«, sagte er. Dass dieses Wort verboten war, hatte er wohl vergessen.

Kurz danach stand er in Holzpantinen, mit vorgebundener Schürze und geschulterter Mistforke am Gartenzaun. Der Mistgraf wartete neben dem Wagen und guckte auf seine aufgeklappte Taschenuhr. Als Vater ihm eine Zigarette anbot, bedankte er sich nicht, sondern steckte sie sich hinters linke Ohr.

Inzwischen hatten Mutter und Nachbarin Wenzel in Windeseile die noch feuchte Wäsche abgenommen und damit vor jedem mistigen Kontakt gerettet. Frau Wenzel fasste mit an, und die beiden Frauen schleppten den vollen Wäschekorb die Treppen rauf zum Dachboden, wo die Schlechtwetterleinen gespannt waren.

Frau Wenzel sei immer sehr gefällig, fand Mutter. Worauf Vater sagte: »Die will doch nur gucken, wie's bei uns Butenschöns aussieht!« – »Da gibt's aber nicht viel zu gucken«, antwortete Mutter, »wir mit unsern paar zusammengewürfelten Sperrholzmöbeln!« – »Warte nur, Schatz, irgendwann gelingt deinem Mann ein Bestseller, und dann kriegst du fürs Wohnzimmer Sofa, Sessel und Nussbaumbüfett und ein Schlafzimmer aus geflammter Birke!«

Vater schrieb Bücher und arbeitete für eine Zeitschrift. Zufällig hatte ich mal gehört, wie Frau Wenzel leise zu jemandem sagte: »In der Illustrierten ist Herr Butenschön ja Frau Sibylle, die Kummerkastentante!« Dies beschäftigte mich gedanklich eine Zeit lang, aber deshalb bei Mutter oder Vater nachfragen mochte ich nicht. Sicher war es ein Geheimnis – warum sonst wohl hatte Frau Wenzel geflüstert?

Als ich zum Teenager herangereift war, schenkte Oma mir einen silbernen Fischanhänger für meine Halskette und sagte dabei einen Spruch auf: »Mit dreizehn Jahr'n und sieben Wochen ist der Backfisch rausgekrochen!« Übrigens hatte Vater tatsächlich einen Bestseller verfasst und – weil er dabei so viel hatte denken müssen – seine letzten Haare abgedreht. Mutter war endlich zufrieden, denn jetzt besaßen wir Sofa, Sessel, Nussbaumbüfett und sogar ein Elternschlafzimmer aus geflammter Birke.

An einem schönen Herbsttag gab ich frisch gebackener Teenager in unserem Garten meine erste eigene Party. Damals hatte ich ein Auge auf Gerd geworfen, der eine Klasse über mir war. Der wollte aber nur kommen, wenn er seinen Freund Jochen mitbringen durfte. Das war nicht weiter schlimm, denn meine beste Freundin Inge und ich hatten genug zu essen und zu trinken vorbereitet. Die Party schien dann richtig gut zu werden – die Stimmung war jedenfalls bestens. Vielleicht wegen der alkoholfreien Bowle, in die Gerd gleich zu Beginn eine Flasche Apfelkorn gekippt hatte. Gerade hatte jemand »Bésame mucho« und anschließend »Kiss me tender« aufgelegt. Gerd und ich tanzten miteinander – endlich eng! Ich sang laut mit und hoffte, dass er jedenfalls den englischen Titel mitkriegte, wenn er schon kein Spanisch verstand.

Plötzlich roch ich den Gestank: der Mistgraf! Hatte er nicht erst nächste Woche kommen wollen? Was sollten nur meine Freunde denken und vor allem Gerd! Weinend lief ich zu Mutter, die

Vater sofort an die Gartenpforte schickte. Doch es war zu spät: Bauer Graf hatte bereits damit begonnen, seinen ganzen Mist bei uns abzuladen. Die meisten meiner Gäste hielten sich die Nase zu und suchten alsbald das Weite. Auch Gerd. Sein Freund Jochen tat dagegen so, als schnuppere er genüsslich. »Ah, die gute Landluft!«, sagte er. Und blieb. Genau wie Inge und ein paar andere. Wir schleppten Bowle, Salate und Plattenspieler ins Haus, schlossen alle Fenster, schoben die Möbel an die Wand und rollten den Teppich auf – meine Party war gerettet!

Jochen tanzte übrigens viel besser als Gerd. Und er war auch viel netter. So nett, dass ich ihn etliche Jahre später heiratete, und das habe ich nie bereut. Deshalb muss ich Bauer Graf sogar noch dankbar sein, dass er damals in puncto Liefertermin mal wieder absoluten Mist gebaut hatte.

Undercover

Tatsächlich hatte ich einen frühmorgendlichen Termin im Schmerzzentrum der Universitätskliniken erhalten. Niemand schien stutzig geworden zu sein bei meinen Personalangaben. Nun, Schmitz ist genau wie Ursel halt ein Allerweltsname, und warum sollte jemand dabei an die Gesundheitsministerin denken. Doch vorsichtshalber trug ich über meinen glatten dunklen Haaren eine blonde Zweitfrisur. Trotzdem ist solch ein Undercover-Einsatz – obwohl ich kerngesund bin – natürlich eine riskante Sache. Dringend erforderlich geworden ist er im Zuge von geplanten Sparmaßnahmen im Gesundheitswesen.

Nach halbstündiger Wartezeit wurde ich ins Sprechzimmer gerufen. Der junge Anästhesist Dr. Braun nahm die Anamnese auf, als gäbe es den von meinen Mitarbeitern fantasievoll wegen meiner vorgetäuschten Beschwerden ausgefüllten »Schmerzfragebogen zu Rückenbeschwerden« mit seinen 225 Punkten überhaupt nicht. Vermutlich diente er ohnehin nur irgendwelchen unnötigen kostenfressenden Statistiken. Dr. Braun jedenfalls kritzelte seine Stichwörter zu meinen mündlichen Angaben auf einen herumliegenden Schmierzettel. Dabei wurde er immer wieder unterbrochen durch Telefonanrufe, seinen Pieper, der ihn seinerseits zu einem Anruf aufforderte (meistens war es Fehlalarm), durch Kollegen, die sich in meinem Beisein oder auch im Vorzimmer über andere Patienten austauschten. Irgendwann fand er aber doch Zeit für die praktische Untersuchung. Ich musste verschiedene Bewegungen ausführen und sagen, welche besonders schmerzten. Letztere ließ er mich mehrmals wiederholen, während ein zufriedenes Lächeln um seine Lippen spielte. Nachdem ich mich auf eine Pritsche gelegt hatte, prüfte er meine Reflexe, und danach warteten wir beide auf den Orthopäden. Dr. Braun machte derweil im Stehen ein Nickerchen.

Endlich erschien Dr. Lindner, der noch jünger war als Dr. Braun und mich mit seinen frischen roten Wangen an meinen ältesten Enkel erinnerte. Er ließ mich alle bereits zuvor ausgeführten schmerzhaften Bewegungen wiederholen. Dr. Braun warf dann noch die Frage auf, ob stark ausgeprägte Nasenpolypen mitverantwortlich sein könnten für Rückenprobleme. »In Einzelfällen durchaus möglich, Herr Kollege«, lautete sein knapper Kommentar, bevor er grußlos mit flatterndem Kittel enteilte. Dr. Braun schickte mich nun zum Röntgen.

Auch hier wartete ich eine halbe Stunde bis zum Aufruf durch die Assistentin. Im Röntgenlabor mit mindestens drei hintereinander liegenden Räumen eilte die junge Frau geschäftig hin und her. Auf meine entsprechende Frage erfuhr ich, sie müsse heute alles allein machen, denn eine Kollegin habe Scheiß-Urlaub und die andere Scheiß-Dienst im Scheiß-OP. Interessiert stellte ich fest, dass sie ein bestimmtes zeitsparendes rollierendes System praktizierte: Patient 1 (Raum 1): »Bitte ziehen Sie sich aus und nehmen Sie dort Platz«. Patient 2 (Raum 2): »Setzen/legen Sie sich bitte so und so hin und bleiben Sie in dieser Stellung«. Patient 3 (Raum 3): »Einatmen, Luft anhalten, Ausatmen usw.« Zwischendurch bediente sie den Computer, der die Röntgenbilder verarbeitete. Alles klappte auch ohne die beiden abwesenden Kräfte vorzüglich, sodass ich in meinen Blackberry das Stichwort »Einsparung überflüssiger Stellen« tippte.

Zufrieden mit dem Anfangserfolg meines Undercover-Einsatzes wanderte ich mit den Röntgenbildern zurück in die Schmerzambulanz. Dort setzte ich mich auf dem Flur zu den anderen wartenden Patienten. Bald kam der junge

Anästhesist Dr. Braun aus dem Sprechzimmer, diesmal nicht in weißem Kittel, sondern in Zivil. Ich hörte, wie er einem Kollegen zurief:

»Hab sechsunddreißig Stunden Dauerdienst hinter mir! Fahr jetzt nach Hause!« Zu mir beugte er sich herunter und versicherte: »Gleich bespricht der Orthopäde die Röntgenbilder mit Ihnen!«

Zugegeben, er war ein sympathischer Mann, aber auf den sechsunddreißig Stunden sollte er nicht so herumreiten. Schließlich dürften Spezialisten, die tagein tagaus das Gleiche tun, dies auch im Schlaf erledigen können.

Inzwischen war geraume Zeit vergangen, doch immer noch ließ der Orthopäde auf sich warten. Außer mir und einer Dame im Rollstuhl, die eine über den ganzen Tag dauernde Infusion erhielt, waren alle anderen Patienten bereits verschwunden. Ab und zu öffnete sich die Tür des gegenüber liegenden Sprechzimmers. Ein junger Arzt steckte den Kopf heraus, blickte sich suchend um, zog dann den Kopf zurück und machte die Tür wieder zu.

Die Rollstuhldame hatte mir unterdessen ihre vor zwölf Jahren begonnene Krankheitsgeschichte erzählt, die mit Fehldiagnosen, Suche nach den richtigen Ärzten, unnötigen Operationen u. Ä. Stoff für einen wirklich spannenden Krimi enthielt. Ich notierte sofort das Stichwort »unnötige Operationen«.

Danach ging ich zur Anmeldung und erkundigte mich, wann ich denn nun mit dem Orthopäden rechnen könne. Das wusste was man dort aber auch nicht. Einmal fragte mich eine vorüberhuschende Assistentin mitleidig, ob ich vielleicht Kaffee haben möchte. Tatsächlich brachte sie mir kurz darauf einen dampfenden Becher. Meinen gedanklichen Kommentar »Nett, aber unnötig!« hielt ich natürlich elektronisch fest.

Fast ununterbrochen strömten junge und jüngste Mediziner in beiden Richtungen über den Flur. Jeder von ihnen hatte sich einen Rucksack über die linke oder rechte Schulter gehängt. Die Dame im Rollstuhl meinte erkannt zu haben, dass mit zunehmendem Alter dieser Leute die Rucksäcke kleiner würden und die energischen Oberärzte sogar vollkommen rucksacklos vorbeirauschten. Sie schloss daraus, die Rucksackgröße müsse mit dem jeweiligen Status des Trägers innerhalb der Medizinerhierarchie zusammenhängen, und der habe vermutlich auch mit der Vergabe von Schrankplatz für dessen persönlichen Gegenstände zu tun. Mit ihren Überlegungen bewies mir die Dame, dass sogar Laien sich mit Merkwürdigkeiten im Klinikbereich beschäftigen. »Öffentlichkeitsarbeit« lautete meine Notiz.

Übrigens waren wir beide etwas beunruhigt wegen eines Mitpatienten, der vor längerer Zeit hinter einer Tür links neben uns verschwunden und immer noch nicht wieder aufgetaucht war. Vorher hatte er uns seine größte Sorge wissen lassen:

»Wenn man mir nur nicht das Rauchen verbietet!«

Ich erinnerte mich an diesen voll echter Verzweiflung geäußerten Satz, als ein Angestellter mit einer Leiter auftauchte und damit in den betreffenden Raum eilte. Hatte der Raucher sich etwas angetan? Mit fragend hochgezogenen Augenbrauen blickte ich die Rollstuhldame an.

»Nein«, beruhigte sie mich, »vor dem eigentlichen Sprechzimmer ist noch eine Abstellkammer, wahrscheinlich bringt er nur die Leiter dorthin zurück!«

Der junge Arzt im Raum uns vis-à-vis war jetzt dazu übergegangen, nicht nur seinen Kopf aus der Tür zu stecken, sondern auch in voller Größe herauszukommen und mit suchendem Blick ein paar Schritte in dieser und jener Richtung ziellos über den Flur zu wandern. Einmal rief er zaghaft und mit hoffnungslos klingender Stimme:

»Frau Müller?«

Mir fiel ein, dass dies nur die Patientin gewesen sein könnte, die vor drei Stunden entnervt vom langen Warten in der Anmeldung Bescheid gesagt hatte, sie hätte die Schnauze voll und gehe jetzt nach Hause. Davon verriet ich ihm aber nichts, denn ich war der Meinung, der junge Mann müsse selbst herausfinden, wo er sich nach Frau Müller zu erkundigen habe. Was nützen schließlich Einser-Abitur und zwanzig Semester Medizinstudium auf Staatskosten, wenn jemand beizeiten nicht lernt, mit solch elementaren Problemen fertig zu werden? Ich notierte: »Ausbildungsreform«.

Jetzt zog die Rollstuhldame neben mir den Schlauch energisch aus ihrem Arm, denn seit Kurzem war der Infusionsbeutel leer.

»Meistens mach ich das selbst«, erklärte sie mir, »bis endlich jemand kommt, dauert es mir einfach zu lange.«

»Selbsthilfe« gab ich in meinen Blackberry ein und überlegte, es müssten doch noch zahlreiche weitere Tätigkeiten von Patienten für sich selbst oder für Zimmernachbarn erledigt werden können. Z. B. Blutdruck- und Temperaturmessen, Spritzen geben, Infusionsbeutel austauschen, Bettpfannen leeren, Essen holen, Tee kochen, Abwaschen, Zimmer reinigen und vieles andere mehr.

Zunächst war ich aber froh festzustellen, dass meine nette Nachbarin ganz normal gehen konnte – der gepolsterte Rollstuhl war nur eine freundliche Geste des Klinikpersonals gewesen. Allerdings war dies auch wieder ein unnötiger und deshalb einzusparender Service, bemängelte ich in Gedanken – schließlich ist ein Schmerzzentrum kein Hotel! Sie verabschiedete sich von mir, und wir wünschten uns gegenseitig alles Gute. Dabei vermied ich sorgfältig, »Auf Wiedersehen« zu sagen.

Jetzt öffnete sich auch die Tür links neben meinem Platz, und der verschollen geglaubte Patient kam heraus. Er wirkte erleichtert.

»Niemand hat etwas davon gesagt, dass ich nicht mehr rauchen darf!«, berichtete er glücklich und entfernte sich beschwingten Schrittes. Sehr klug vorausgedacht vom behandelnden Arzt, konstatierte ich. Kranke Raucher sollten so viel rauchen dürfen wie sie wollen. Schließlich ist sozialverträgliches Frühableben immer noch der effektivste kostensenkende Faktor, und dies nicht nur im Gesundheitswesen. Ich notierte: »In öffentlichen Warteräumen Schilder ›Rauchen erlaubt!‹ und Aschbecher aufstellen!«

Die Sekretärin trat in Mantel und Mütze aus dem Anmeldungsbüro, schloss die Tür ab und steckte den Schlüssel in ihre Handtasche.

»Wann kommt denn nun endlich der Orthopäde?«, fragte ich.

Ratlos zuckte sie mit den Schultern:

»Bin ich ein Prophet?«

Langsam aber stetig hatte die magere Putzhilfe
sich von einem Ende des langen Flurs an mir
vorbei bis zum Ausgang vorgearbeitet. Zerstreut
beobachtete ich, wie sie unter ständigen Husten-
anfällen mit Eimer, Wasser und Wischer hantierte. Bevor sie das Licht auf Notbeleuchtung schal-
tete, schaute sie in meine Richtung. Nervös
zupfte ich an meiner Zweitfrisur – solch Undercover-Einsatz kann manchmal an unbedeuten-
den Kleinigkeiten scheitern. Die Frau zögerte
einen Moment, dann bewegte sie sich resolut auf
mich zu. Schließlich blieb sie vor mir stehen, sah
mich beschwörend an und erklärte:

»Das ist nur ein Reizhusten, der hat nix zu
bedeuten!« Danach ließ sie mich allein.

Eine Weile noch wartete ich auf den ange-
kündigten Orthopäden. Jetzt, am frühen Abend,
versickerte zusehends der Strom der vorübereil-
enden Rucksackmediziner. Einige von ihnen
streiften mich mit mitleidigen Blicken. Nach den
vielen Stunden Aufenthalt in jenem speziellen
Zentrum, das den Anspruch erhebt, Leuten mit
chronischen Schmerzen zu helfen, hatte sogar ich
(obwohl doch nur vorgetäuscht leidend wegen

des Undercover-Einsatzes) die Schnauze voll. Entschlossen rollte ich meine Röntgenbilder zusammen und warf sie in den nächsten Papierkorb. Im gleichen Augenblick durchzuckte mich ein Gedanke: Steckte hinter der aufgezwungenen Warterei etwa die lobenswerte Absicht, Patienten auf diese Weise hinzuhalten? Ihnen vorzuführen, dass ihre Schmerzen gar nicht so unerträglich waren?

Ich zückte mein Handy und telefonierte nach meinem Fahrer.

Draußen war es inzwischen Frühling geworden. Diese Tatsache und meine undercover gewonnenen wichtigen Erkenntnisse hoben augenblicklich meine Stimmung. Ich beschloss, mir jene Idee zu eigen zu machen, nämlich an Rückenschmerzen leidende Patienten durch stundenlanges Sitzen auf einem unbequemen Stuhl sowie durch Zwangsfasten zu heilen. Oder sie doch zumindest von weiteren lästigen Besuchen eines Schmerzzentrums abzuhalten. Genial! Welch immens hohe Kosten könnten gerade hierdurch vermieden werden!

Ein letztes Mal fütterte ich meinen Blackberry, und zwar mit einem abschließenden ausführlicheren Eintrag. Gut gemacht, Ursel, sagte ich mir im Bewusstsein, wieder einmal bisher noch übersehene Sparpotentiale im Gesundheitswesen ermittelt zu haben und damit die Reform der Reform der Reform voranzutreiben und mein Lebenswerk zu vollenden!

Fahrer Neumann wartete bereits samt Dienstwagen an der verabredeten Stelle. Ich stieg ein und sagte ihm, wo's langgehen sollte:

»Zu diesem Brauerei-Lokal, das heute extra deftige Schweinshaxen im Angebot hat! Neumann, jetzt wird gefeiert! Äh …, haben Sie vielleicht mal 'ne Zigarette für mich?«

Die kluge Klara

Trotz ihres anstrengenden Vorhabens verpasst Klara keine Gelegenheit, sich dabei auch zu amüsieren. Und zwar auf den sogenannten After Work Partys, wo man sich nach Sonnenuntergang gern trifft. Eigentlich ist sie dort natürlich fehl am Platz, denn sie selbst hat zu dieser Tageszeit ihre Arbeit nicht hinter, sondern noch vor sich. Schuld daran ist Oma, die ihr einst verriet, auf der ganzen Welt gebe es nur einen einzigen für sie bestimmten Mann. »Ehemann«, betonte Oma.

Klara machte sich beizeiten auf die Suche. Bald musste sie jedoch einsehen, dass die Welt für ihr Projekt zu unübersichtlich ist. Folgerichtig begrenzte sie das Areal auf Europa, beschränkte sich dann auf Deutschland und schließlich aus Zeitgründen (sie ist achtundzwanzig und weiß, dass ab dreißig das Alter beginnt) auf Berlin. Hier durchstreift sie nun unermüdlich die angesagten Veranstaltungen, denn wo sonst böten sich ihr bessere Möglichkeiten, den Einzigen zu finden?

Eine Schwierigkeit besteht allerdings darin, dass sie nicht weiß, woran sie diesen einen für sie bestimmten Mann erkennen soll. An gewissen Gesten, am Gang, an der Stimme, am Geruch, ob er Armani oder H & M bevorzugt? Darüber hatte Oma leider nichts gesagt.

Zum Glück ist die hübsche, wenn auch naive Klara überall gern gesehen, und erstaunlicherweise gilt sie sogar als intelligent. Intelligent genug jedenfalls, nur Treffen mit smarten, gut verdienenden Leuten zu besuchen, auf denen zum Beispiel über Günther Grass, Frank Gehry oder Jörg Immendorf gesprochen wird, und wo man leidenschaftlich die Frage diskutiert, ob Jogi ein Haarteil trägt und falls ja, wie er wohl ohne aussehen würde.

Tatsächlich pflegt Klara die Gespräche sogar intellektuell zu bereichern. Und zwar durch lässig hingeworfene Bemerkungen und einen klugen Gesichtsausdruck, den sie bei Anne Will abgeguckt hat. Deshalb auch kämmt sie für manche Partyabende den frechen Pony nach hinten und zieht sich einen Seitenscheitel. Während sie also mit freier – um nicht zu sagen leerer – Stirn an passender Stelle mit andernorts aufgeschnappten Einwürfen glänzt, wie »das erscheint mir doch recht ambivalent …« oder »er besitzt eine solch subtile Art …« oder »dabei sollte das Phänomen *German Angst* nicht außer Acht gelassen werden …«, schauen die Männer in ihre großen grünen Augen und sind hingerissen von ihrer Klugheit. Klara ihrerseits mustert die Runde mit geübtem Blick: Ist diesmal Mister Right unter ihnen? Endlich? Nach so vielen enttäuschenden Tests?

Und dann kommt der Tag, genauer gesagt der Abend.

»Ulla versteht es«, sagt sie gerade, und die männlichen Partygäste starren gebannt auf ihre intelligenten blutrot geschminkten Lippen, »in ihren Gedichten den Zeitgeist auf geniale Weise zu sublimieren …«

»Was verzapfst du denn nur für'n Stuss, Süße!«

Den Kerl, der sie so impertinent unterbricht, hatte sie noch nie gesehen. Blödmann! Während sie vergeblich nach einer geistreichen Antwort sucht, hakt Blödmann sie einfach unter und zieht sie an die Bar. Klara wird warm ums Herz. Das liegt einerseits am doppelten Scotch ohne alles, andererseits aber vielleicht auch an Blödmanns ruppigem Charme. Und so endet diese Begegnung wie vor ihr die vielen anderen während ihrer verzweifelten Suche nach dem Einen.

In seinem Apartment sind sie mittlerweile wieder ein wenig zu Atem gekommen, und

Blödmann (er heißt übrigens Alex) zündet sich die in einigen Kreisen leider immer noch obligate Zigarette danach an. Klara – die sorgfältig jede Gelegenheit vermeidet, als Passivraucherin in einen frühen Tod geschickt zu werden – rekelt sich zurecht und legt ihren Kopf auf seine jetzt völlig entblößte Brust. Im gleichen Augenblick durchfährt die Erkenntnis sie wie ein elektrischer Schlag: Er ist's!

Endlich weiß sie, wonach sie all die Jahre gesucht hatte! Und was ihren bisherigen Testpersonen fehlte – jenen Männern, die der Mode ängstlich gehorchend wegrasierten oder epilierten, was Mutter Natur auf der Frontseite ihres Oberkörpers üppig sprießen ließ.

Fast andächtig fährt sie mit den Fingern ihrer rechten Hand behutsam durch das dunkle Dickicht seiner behaarten Brust und bettet dann zufrieden ihren Kopf auf dieses weiche, sich im Atemrhythmus sanft auf und ab bewegende Kissen. Am nächsten Morgen stellt sie fest: So gut hab ich noch nie geschlafen! und beschließt: Das will ich das immer so haben!

Klara packt diese ihr sozusagen in den Schoß gefallene Gelegenheit beim Schopf und schlägt spontan eine amtlich sanktionierte Verbindung vor. Das ist sie Oma nun mal schuldig – hatte sie nicht vom »Ehemann« gesprochen?

Auch Alex' (vormals Blödmann) Ansichten unterscheiden sich grundlegend von denen durchschnittlicher Männer. Er seinerseits hat nämlich absolut nichts gegen eine behördlich beglaubigte Dauerbeziehung. Zumal er seit Langem kluger Frauen überdrüssig ist und sich nach einer intellektuell nicht allzu anspruchsvollen Gefährtin sehnt. Dies auch, um zu Hause – wenn ihm mal danach ist – den Dativ statt des korrekten Genitivs anzuwenden oder nach dem Essen seinen Gürtel zu lockern und auf dem Sofa ein Nickerchen zu machen. Und zwar, ohne gleich spöttisch als Proll oder Spießer bezeichnet zu werden.

Fortan leben die beiden glücklich und zufrieden in harmonischer Zweisamkeit. Auch im Laufe vieler Jahre wird Klara nicht müde, sich ihres natürlichen Kopfkissens zu erfreuen. Und Alex schnurrt behaglich, wenn sie in zärtlichen Stunden mit seinen Brusthaaren spielt, Zöpfchen flicht, raffinierte Scheitel zieht oder Löckchen zwirbelt.

Eigentlich hätte es so bis ans Ende ihrer Tage weitergehen können, machte Klara eines Morgens nicht eine grauenvolle Entdeckung: Kurze dunkle Haare verunzieren den Badfußboden! Zunächst sind es nur einzelne, die sich in die

Ecken verkrochen haben, bald darauf sichtet sie jedoch ganze Büschel! Alex? Abends kontrolliert sie seine Brust. Tatsächlich: Das natürliche Fell ist deutlich gelichtet. Deshalb also ist ihr Schlaf in letzter Zeit weniger erquickend?

Die naive Klara ist intelligent genug, stets das Beste aus einer Sache zu machen, sogar aus einer derart tragischen. Und so lässt sie die ausgefallenen Brusthaare nicht im Staubsauger verschwinden, sondern hebt sie sorgsam auf, um sie dann in einer verschließbaren Plastikdose zu verwahren. Für alle Fälle.

Doch nachts wälzt sie sich ruhelos hin und her, und Alex hat keinen Anlass mehr, behaglich zu schnurren. Zum Ausgleich flüchtet er sich in männliche Tätigkeiten und verlegt beispielsweise einen Laminatfußboden im Gästezimmer oder zuckelt mit dem neuen Aufsitzrasenmäher auf dem winzigen Rasenstück des Reihenhäuschens herum. Selbstverständlich ist auch Klara nicht untätig. Nach mühsamer Suche im Internet findet sie schließlich eine tibetanische Teppichknüpferin, der sie die Plastikdose samt Haarsammlung zur kreativen Weiterverarbeitung anvertraut.

Und abermals soll sich alles zum Guten fügen. Jedenfalls für Klara. Alex ist nämlich wieder mal ein solcher Blödmann, dass er im Garten an einem der ersten Frühlingstage auf die Zinken einer verkehrt herum abgelegten Harke tritt und sich mit deren hochschnellendem Stiel selbst ins Jenseits befördert! Dass Klara dieses bedauerliche Ereignis nicht als übermäßig schweren Verlust empfindet, erscheint nur zu verständlich. Vor allem, da angesichts seiner seit Längerem völlig blanken Brust die eigentliche Trauerarbeit bereits hinter ihr liegt.

Zum Glück hat sie klug vorgesorgt, sodass sie nachts bald wieder tief und fest schläft. Und wenn sie abends ihren Kopf auf das Kissen mit der dicht an dicht geknüpften Brusthaaroberfläche bettet, überfallen sie oftmals zärtliche Gedanken: Mein liebster Alex, als Blödmann bist du in mein Leben getreten und als Blödmann bist du von mir gegangen. Und wie wunderbar, resümiert sie dankbar, wir beide doch zueinander gepasst haben …

Eberhards Handicap

Eberhard wischt sich den Schweiß von der Stirn und lässt geistesabwesend den Hammer auf Mamas poliertes Mahagonitischchen fallen. Kopfschüttelnd betrachtet er das unerwartet große Loch in der Wand, seine staubbedeckten Fellpantoffeln, den herabgefallenen Putz auf dem Teppich und seinen blutenden Zeigefinger: Er hat doch nur einen winzigen Nagel einschlagen wollen!

»Du besitzt nun mal zwei linke Hände!«, war bereits Mamas ständige Rede gewesen. Sie selbst stellte sich dagegen sehr geschickt an. Sie hämmerte, sägte, schraubte, bohrte oder wechselte Dichtungsringe aus, als wäre sie eine gelernte Fachkraft. Dabei hatte es bei ihr doch nur zum Prof. Dr. phil. gereicht. Eberhard erinnert sich noch gut daran, dass er schon als ganz kleiner Junge an Papas Seite staunend ihren häuslichen Reparaturarbeiten zuzuschauen pflegte. So lauteten denn auch seine ersten nachgeplapperten Worte nicht *Mama, Papa, Wauwau* und *Auto*, sondern *Flansch, Muffe, Flügelmutter* und *Koaxialkabel*.

Und bis heute haben für ihn diese Vokabeln nichts von ihrem rätselhaften Zauber verloren. Schon damals nahm er sich vor: Wenn ich groß bin, werde ich Handwerker!

Leider ist aber alles anders gekommen. Weder erlernte Eberhard einen soliden Beruf, noch wurde sonst etwas Vernünftiges aus ihm, denn ganz plötzlich begann er, Bücher zu schreiben. Zu seiner eigenen Überraschung verkaufen seine Kriminalromane sich inzwischen so gut, dass er von der Gänsehaut seiner Leser recht behaglich leben kann. Allerdings – was heißt hier *behaglich*! Widrige Umstände, über die noch zu berichten sein wird, zwingen ihn, sich einstweilen in das winzige Souterrainzimmer seiner ererbten Gründerzeitvilla zurückzuziehen. Dies soll aber beileibe nicht andeuten, er sei auf dem Wege, ein der Welt abgewandter Sonderling zu werden – davon kann überhaupt keine Rede sein! Geht es zum Beispiel um die Vermarktung seines geistigen Eigentums, agiert er wie ein äußerst gewiefter Geschäftsmann. Handelt es sich dagegen um Erhalt und Pflege seines materiellen Besitzes, in diesem Fall das Haus, fühlt er sich hilflos wie ein neugeborener Säugling. Ursache hierfür ist ganz offensichtlich sein bereits erwähntes Zweilinkehändesyndrom, verbunden mit extrem zurückgebliebenem technischem Verständnis. Dies hat zur Folge, dass er nach Mamas Hinscheiden sogar schon bei kleinsten Reparaturen fremde Hilfe in Anspruch nehmen muss.

Nun hat Eberhard selbstverständlich überhaupt nichts gegen Handwerker – er ist ein durch und durch vorurteilsfreier Mensch. Doch er ist ihrer ständigen Anwesenheit in seinem Haus in höchstem Maße überdrüssig! Diese Experten erhalten doch bekanntlich Gelegenheit, sich während ihrer Lehrzeit gründlich auf das jeweilige Spezialgebiet vorzubereiten. Aber trifft dies tatsächlich zu? Eberhard hegt hier so seine Zweifel. Nach seinen Erkenntnissen scheint bei der Fachausbildung weitaus mehr Gewicht auf verbale als auf manuelle Geschicklichkeit gelegt zu werden, sodass immer häufiger zwar redegewandte, doch handwerklich minderbegabte Leute ihren Gesellenbrief erhalten.

Nehmen wir nur mal den Elektriker. Eberhard muss ihn bemühen, da die linke vordere Kochplatte seines Herdes defekt ist. Dieser Mensch benötigt erstaunlich kurze Zeit, um auch das übrige Gerät in einen unwiederbringlich funktionsunfähigen Zustand zu versetzen.

»Machen Sie sich nichts draus!«, tröstet er psychologisch geschickt seinen Kunden, während er beiläufig den Arbeitszettel zur Unterschrift vorlegt. »Für Sie als Single ist ein Herd doch sowieso überflüssig.«

Seither ist Eberhard gezwungen, seine Hauptmahlzeit im nahe gelegenen Restaurant einzunehmen und sich dort von einer ungemein reizenden Kellnerin bedienen zu lassen. In diesem Fall – muss er zugeben, wenn auch widerwillig – besitze Unerfreuliches manchmal sogar angenehme Seiten.

Überhaupt Frauen ... Wie gern schlüge er bei passender Gelegenheit galant vor: »Trinken wir doch noch ein Gläschen Wein bei mir ...« Doch entweder werkeln in seinem Haus gerade sogenannte Fachleute, oder sie sind soeben abgezogen unter Hinterlassung von Schmutz, Schraubendrehern, Zollstöcken, Comic-Heften und kleineren oder größeren Schäden, die wiederum den Einsatz der Kollegen anderer Gewerke erfordern.

Die Klempner allerdings, die als Nächstes erscheinen, um das Badezimmer zu renovieren, erwecken einen zuverlässigen und sogar tatkräftigen Eindruck.

»Wenn du willst, dass sie sich wohlfühlen«, hatten Eberhards Kumpel geraten, »stell ihnen immer genügend Getränke hin: für den Altgesellen fettarme Tütenmilch, für den Arbeitsmann

Flaschenbier mit Bügelverschluss und für den Azubi Pfirsich-Maracujasaft!«

Bald schon dröhnt Heino mit »Schwarzbraun ist die Haselnuss ...« aus dem mitgebrachten Kassettenrekorder durchs Haus, vermischt mit Vertrauen einflößenden wuchtigen Hammerschlägen. Wohlgefällig registriert Eberhard, wie geradezu unermüdlich der Lehrling einen schweren Eimer nach dem anderen mit herausgehauenen Fliesen, Steinen und nassem Mörtel vom Obergeschoss hinunter ins Freie schleppt.

Gerade stellt er Betrachtungen darüber an, mit welch bewundernswerter Leichtfüßigkeit der junge Mann trotz seiner klobigen Arbeitsstiefel die freitragende Edelholztreppe bewältigt, als ein gewaltiges Gepolter ihn zusammenzucken lässt. Ein besorgniserregender Anblick bietet sich Seinen Augen: Auf dem Dielenfußboden aus poliertem Marmor liegt der Inhalt des Eimers verstreut, daneben verteilen sich die Scherben einer in abertausend Stückchen zerbrochenen Pfirsich-Maracujasaftflasche, während in einer Ecke der leichtfüßige Azubi alle Viere von sich streckt!

»Nix passiert!«, lacht dieser tapfer. »Bin nur die Treppe runtergefallen. Hat überhaupt nicht wehgetan!« Er rappelt sich auf und klopft flüchtig die staubigen Jeans ab. »Hab sowieso jetzt Feierabend! – Tschüs denn!«

Seufzend macht Eberhard sich an die Arbeit. Zwar wirkt das bekannte Syndrom wieder recht hinderlich, dennoch hat er irgendwann den Inhalt des Eimers und die Scherben zusammengesucht, den Fußboden gefegt und sogar feucht aufgewischt. Wegen der tiefen Schrammen auf den Treppenstufen, überlegt er resigniert, wird er wohl einen Fachmann bemühen müssen.

In seiner Arglosigkeit ahnt Eberhard selbstverständlich auch nichts Böses, als er sich eines Tages entschließt, den Teppichboden im Wohnzimmer erneuern zu lassen. Daher sitzt er in seiner Romanwerkstatt auch zufrieden und entspannt am PC, während nebenan die Experten mit der Auslegeware beschäftigt sind. Ab und zu dringen durch die geschlossene Tür einige ihm bisher unbekannte saftige Flüche, die er hocherfreut in seinem Ordner »Material«, Unterordner »Redensarten«, Unterunterordner »derb« notiert. Heute fühlt er sich besonders gut in Form, denn an diesem Morgen hat er eine recht ordentliche Menge Text produziert. Sehr zufrieden ist er auch mit dem genialen Einfall, den Mörder das nur unvollständig bekleidete weibliches Opfer aus dem dahinrasenden Schnellzug werfen zu lassen.

Als jetzt von nebenan jemand ruft: »Herr Doktor! Wir sind fertig!«, muss er sich erst wieder auf die Wirklichkeit besinnen. Doch dann macht er sich fröhlich und mit gewohntem Schwung daran, die Tür zum Wohnzimmer aufzustoßen. Ohne Erfolg! Sie rührt sich nicht vom Fleck! Selbst dann gibt sie nicht nach, als er seine sämtlichen hundert Kilo Lebendgewicht dagegenstemmt.

»Hau … ruck!«, feuern die Handwerker ihn auf der anderen Seite an.

Aber nur mit vereinten Kräften gelingt es, die Tür über den hohen Teppichboden zu bewegen. Nach vorsichtig abschätzendem Blick auf Eberhards unwillig gerunzelte Stirn, verspricht der ältere der beiden Dekorateure:

»Mit der Zeit legt sich der Flor, und je öfter Sie ihn begehen, natürlich umso schneller. Aber am besten, Sie lassen ohnehin die Tür offen stehen. Sieht so auch viel vornehmer aus, nicht Willy?«

Willy zuckt zusammen, denn er ist gerade dabei, den auf seiner Seite herausgerissenen Türgriff unauffällig in die dünnwandige chinesische Bodenvase gleiten zu lassen.

Doch wie meistens verspürt Eberhard auch heute absolut keine Lust, sich zu streiten. Allerdings kann er nur mit Mühe seinen Unmut unterdrücken, als er die Männer verabschiedet, die gut gelaunt pfeifend ihrer tariflich zustehenden

Mittagspause zustreben.

Leider sieht Eberhard sich ab sofort außerstande, bei geöffneter Tür schaurige Romane zu verfassen. Ständig fühlt er einen leichten Luftzug im Nacken, und immer häufiger beschleicht ihn das Gefühl, seine Fantasiegestalten hätten sich hinterrücks materialisiert, um das Romangeschehen selbst in die Hand nehmen. In diesem Zusammenhang fällt ihm ein, dass er endlich ein Sicherheitsschloss für die Haustür braucht, denn das vorhandene lässt sich mühelos mit einem Stück Draht öffnen. Mama hatte es bei Gelegenheit sogar einmal mit einer simplen Haarnadel geschafft.

Es ist wirklich erstaunlich, welche Anziehungskraft Eberhard und sein Haus auf handwerklichen Murks ausüben! Insofern kann es auch gar nicht anders sein, als dass die neu eingebaute Schließanlage sich ein wenig eigenwillig gibt und von außen nur bei Kühle und Regenwetter funktioniert. Bei längerem Sonnenschein dagegen bewegt selbst der passende Schlüssel das neue Schloss nicht. Dass dies ein Höchstmaß an Sicherheit verspricht, ist zwar nicht von der Hand zu weisen, doch Eberhard empfindet das nur als schwachen Trost.

»Selbstverständlich«, erklärt der Experte

nachsichtig dieses Phänomen, »reagieren die Werkstoffe auf Sonneneinstrahlung und dehnen sich aus, das weiß doch jedes Kind! Da kann man nichts machen!«

Zum Glück liegt immerhin der Kellereingang im Norden und damit überwiegend im Schatten, sodass Eberhard meistens nur vorübergehend ausgesperrt ist. Er findet es sowieso angebracht, ins Souterrainzimmer zu ziehen. Denn dort stören ihn weder Luftzug noch vermeintliche Aktivitäten hinter seinem Rücken. Außerdem muss er sich nicht ständig über den durch Pfirsich-Maracujasaft verätzten Dielenfußboden ärgern. Oder über das renovierte Bad, wo der Waschtischeinlauf zu kurz ist, um die Hände wie gewohnt unter fließendem Wasser zu säubern.

»Das hat man heute so«, ist die knappe Antwort des in seiner Handwerkerehre sichtlich gekränkten Klempners auf Eberhards zaghafte Einwände.

Auch an diesem Nachmittag sitzt Eberhard dort unten im Kellerzimmer über den Schreibtisch gebeugt. Aufmerksam studiert er die zahlreichen Angebote auf seine Zeitungsanzeige. Ab und zu sieht er durch das vergitterte Fensterchen auf den hoch liegenden Bürgersteig und sein Blick fällt auf vorüberhastende Männer-, Frauen- und

Hundebeine, Fahrradpedal tretende Kinderfüße, dümmlich mit dem Kopf ruckende Tauben und im ersten Herbststurm umherwirbelnde welke Blätter.

Die Wahl unter den Frauen fällt ihm wirklich schwer. Nie hätte er geglaubt, dass es so viele attraktive alleinstehende Damen gibt, die handwerklich geschickt sind und dazu noch begierig darauf, einem unverheirateten Mann mit häuslichen Reparaturarbeiten behilflich zu sein! Da wird ihm wohl nichts anderes übrig bleiben, als im Laufe der Zeit eine nach der anderen auf ihre Fähigkeiten hin zu testen. Und wenn eines Tages alles zu seiner Zufriedenheit in Ordnung gebracht sein wird, dann ..., dann darf er endlich auch daran denken, die ungemein reizende Kellnerin aus seinem Mittagsrestaurant auf ein Glas Wein zu sich einzuladen. Alles Weitere muss dem Schicksal überlassen werden. Und wer weiß, vielleicht gibt's sogar ein Happy End?

Henriette und ihr Professor

Die hübsche Studentin mit dem fröhlich hüpfenden Busen stakt soeben auf ihren langen Beinen aus dem Chefzimmer, und endlich kann Henriette Herrn Professor Doktor Alfons B. Weniger die bereits geöffnete und nach Wichtigkeit sortierte Post vorlegen.

»Donnerwetter, ist das eine Klassefrau!«, schwärmt Weniger mit leuchtenden Augen und schaut immer noch verzückt auf die Tür, hinter der dieses aufregende Wesen gerade verschwunden ist.

»Ja ...«, erwidert Henriette trocken, »wenn man eine Vorliebe für Wackelpudding hat ... Übrigens, Herr Professor«, fährt sie fort, »hier ist die offizielle Einladung für Ihren Forschungsaufenthalt in Westafrika. Insofern sollten Sie sich vielleicht lieber auf Mousse au Chocolat einstimmen!«

Gleich darauf beißt sie sich auf die Zunge. Hatte sie sich nicht fest vorgenommen, derartige Bemerkungen zu unterlassen? Andererseits könnte der Chef sich aber auch endlich mal seinem Amt und Alter entsprechend benehmen. Immerhin hat er bereits die Fünfzig überschritten und sollte doch allmählich eine gewisse Seriosität an den Tag legen.

Seit vielen Jahren schon arbeitet Henriette als Professor Wenigers technische Assistentin, und im Laufe der Zeit hat sie es verstanden, sich ihrem Chef auch für allgemeine Verwaltungsaufgaben unentbehrlich zu machen. So erledigt sie inzwischen die gesamte Büroarbeit, entwirft und tippt seine Briefe, frisiert seine Reisekostenabrechnungen, füllt die Beihilfeformulare für ihn aus und betätigt sich als fantasievolle Sammlerin von Belegen für seine Steuererklärung. Selbstverständlich überträgt sie auch seine Fachaufsätze ins Englische, »denn«, hatte er ihr einmal anvertraut, »als alter Lateiner ist mir diese Sprache einfach zu banal.«
Natürlich begriff sie damals sofort, dass das seine Art war zu gestehen, er verfüge nur über unzureichende Kenntnisse dieser Allerweltssprache.

»Mousse au Chocolat!«, wiederholt Professor Weniger begeistert, »Henny, Sie sind umwerfend! Ach, ich liebe Sie!« Er stößt sich mit den Füßen vom Schreibtisch ab, rollt mit dem Chefsessel schwungvoll auf seine Assistentin zu, ergreift ihre rechte Hand und haucht einen Kuss darauf.

Heute bringt sie so etwas nicht mehr aus der Fassung – diese Zeiten sind vorbei! Aber war es nicht allzu verständlich, dass sie sich einst nach dem Scheitern seiner ersten Ehe einige Hoffnungen gemacht hatte? In ihren Träumen sah sie sich damals bereits mit Weniger in leidenschaftlichen Verrenkungen auf der schmalen Koje seiner Professorenkabine des Forschungsschiffs wälzen, um bald darauf auch amtlich beglaubigt und für immer und ewig sein Bett zu teilen. Doch wie ungerecht: Stattdessen lotste er einen hübschen und dazu noch erheblich jüngeren Goldfisch samt Segelyacht und Reitstall in den Hafen seiner zweiten Ehe! Da hatte Henriette mit all ihren Fähigkeiten und geheimen Träumen leider nicht mithalten können. Und so blieb ihr nichts anderes übrig, als ihre Liebe still im Herzen zu bewahren und sich mehr oder weniger mit ihrer eigentlichen Aufgabe als Wenigers unentbehrliche und vielseitig verwendbare Mitarbeiterin zu begnügen.

»Also –, ich bitte Sie, Herr Professor!«, weist sie ihn jetzt zurecht, »wenn Sie hier derart herumkarjuckeln, werden Sie sich eines Tages noch mal das Genick brechen!«

Manchmal verspürt sie den Drang, ihren Chef an beiden Oberarmen zu packen und tüchtig durchzuschütteln, um ihn endlich zur Räson zu bringen! Andererseits muss sie zugeben, dass sie ihn gerade so liebt, wie er ist: jungenhaft charmant, sorglos und immer zu Späßen aufgelegt. Und sieht er heute nicht wieder blendend aus in seinen sandfarbenen Flanellhosen, der passenden Harris-Tweed-Jacke mit braunen Wildlederflicken auf den Ärmeln und dem fröhlich gemusterten Seidenschal im offenen Hemdkragen?

Aber es ist wirklich eine Schande: Erst vor einer halben Stunde – um Punkt elf – war er im Institut angetanzt, und wie immer kam er direkt vom Reiten.

»Ein Pferd muss eben täglich bewegt werden, Henny«, hatte er ihr einmal erklärt, als sie ihm vorhielt, er ließe seine Studenten über Gebühr warten, »und das am besten morgens! – Andererseits«, lautete dann sein spontaner Vorschlag, »warum eigentlich sind Sie nicht ein Schatz und übernehmen einfach meine Praktika? Sie mit Ihrer natürlichen Autorität können das sowieso viel besser!« Augenzwinkernd hatte er hinzugefügt: »Außerdem fühle ich mich oft ein wenig verwirrt durch manch freizügig gekleidete Studentin, und das sollten wir doch tunlichst vermeiden – oder?«

Um diese Zeit hat Henriette schon einen großen Teil ihres Tagewerks vollbracht – genau genommen natürlich auch das meiste von Professor
Wenigers Pensum. Wie jeden Mittwoch während
des Sommersemesters macht sie sich frühmor-
gens als Erstes daran, das am Vortag während
der Ausfahrt mit dem Forschungsschiff in heimi-
schen Gewässern gefangene Material noch einmal durchzusehen. Auch heute hat zum Glück
alles die Nacht gut überstanden und kann dann
später dem Leiter des Schau-Aquariums zur weiteren Verwendung überlassen werden. Sie greift
in das Bassin und nimmt behutsam die verschiedenen Stachelhäuter-Arten in die Hand. Sorgfältig prüft sie jeden einzelnen Seestern, Seeigel
sowie einige Seegurken. Zuletzt begutachtet sie
noch ein paar Einsiedlerkrebse und kleinere
Krustazeen, die vergeblich versuchen, sich im
klaren Wasser zu verstecken.

Danach muss sie nur noch die entsprechende
Anzahl der von ihr entworfenen Bögen mit den
Multiple-Choice-Fragen fotokopieren, und somit
wird alles für den heutigen Wissenstest der
Zweitsemester vorbereitet sein. Ob diesmal der
Chef sich dabei sehen lässt?, fragt sie sich und
findet natürlich gleich selbst die Antwort: Bestimmt nicht, muss mal wieder alles allein machen!

Aber sie arbeitet wirklich gern mit ihren Studierenden, die eifrig und rührend hoffnungsvoll ihr Studium beginnen. Dabei bemüht sie sich, die Praktika so interessant und sinnvoll wie möglich zu gestalten. Denn sie möchte, dass die jungen Leute sich trotz der zwangsläufig folgenden Enttäuschungen später gern an ihre Studienzeit bei Professor Weniger erinnern. Nach wie vor empfindet sie es nämlich fast als persönliche Kränkung, dass die meisten von ihnen nach den mindestens sechzehn Semestern damit enden, den Berg arbeitsloser Naturwissenschaftler zu erhöhen. Zwar bringen einige irgendwann den Mut auf, sich in das Abenteuer einer eigenen Fischzuchtanlage oder ähnlich Banales zu stürzen – aber in der Regel sind das nur die völlig Verzweifelten.

Selbstverständlich peilt ein geringfügiger Prozentsatz des akademischen Nachwuchses im Anschluss an die Promotion auch Höheres an. Nach Henriettes Erfahrungen sind dies leider nicht diejenigen, die ihr persönlich besonders sympathisch sind. Zu Wenigers Zeiten mag das anders gewesen sein. Doch heute lassen manche sich zur Forschung und Lehre berufen Fühlende ungeniert parteipolitische oder andere Beziehungen spielen, benutzen rücksichtslos ihre Ellbogen oder bringen schamlos körperliche Vorzüge ins Spiel. Und die Sanfteren unter ihnen tragen ihrem Doktorvater so lange den Aktenkoffer hinterher, stellen das Mikro für ihn ein oder helfen ihm in den Mantel, bis sie für die wissenschaftliche Arbeit ihres Lehrers geradezu unentbehrlich geworden sind. Mehr als einmal hat die Praxis dann aber gezeigt, dass ausgerechnet diese freundlichen Geister in aller Stille am wissenschaftlichen Ruf und damit am Stuhlbein ihres Gönners zu sägen pflegen.

Henriette macht sich ernsthaft Sorgen wegen Wenigers weniger sensibel entwickelten Gespürs gerade in dieser Beziehung. Sie findet, es werde höchste Zeit für ihn, in der Fachwelt wieder einmal durch eine aufsehenerregende Entdeckung von sich reden zu machen! Wie damals mit dem Fund des Puschelwurms. Sie weiß es noch wie heute: Schon als sie während jener denkwürdigen Forschungsfahrt im Pazifik die Ausbeute das Fanggeräts grob analysiert hatte, begann ein merkwürdiges Kribbeln in der Magengegend sie in höchste Alarmbereitschaft zu versetzen. Und tatsächlich: Nachdem sie fast alle aus der Tiefe des Meeres heraufgeholten Arten registriert und bestimmt hatte, blieben zwei Exemplare und viele Fragen übrig. Wie waren diese Wirbellosen hierher gelangt? Handelte es sich möglicherweise um eine Abart des Zottelwurms, von dem bisher angenommen wurde, er existiere ausschließlich in Nordpolarmeer?

Vor einer genauesten Prüfung verriet Henriette damals natürlich keiner Menschenseele etwas von dem rätselhaften Fund. Nicht einmal ihrem Chef, von dem sie sich zu jener Zeit noch Dankbarkeit und vor allem die bisher fehlende erotische Komponente in ihren zwischenmenschlichen Beziehungen erhoffte. Hätte sie natürlich geahnt, dass ihr Traummann bereits den besagten Goldfisch an der Angel hatte, wäre sie vermutlich anders verfahren.

So indes nahm sie sich vor, ihrem heiß geliebten Professor (in Gedanken pflegt sie ihn zärtlich »mein liebster Alfons« zu nennen) den Wurm gewissermaßen auf dem silbernen Tablett zu servieren. Und zwar erst, *nachdem* die Reihe elektronen-mikroskopischer und anderer Untersuchungen abgeschlossen und die erforderlichen Literaturrecherchen durchgeführt sein würden. Tatsächlich stand zu guter Letzt aber unwiderlegbar fest: Ihr war eine sensationelle Entdeckung gelungen, die sie – bekanntermaßen nicht ganz ohne Hintergedanken – ihrem Chef als dessen eigene zu Füßen beziehungsweise auf den Schreibtisch legte.

»Was haben wir denn hier Schönes«, staunte

er, der zu diesem Zeitpunkt noch ganz automatisch den gönnerhaften Plural benutzte, welcher dann übergangsweise zum Pluralis Majestatis und sehr schnell zum singulären »Ich« mutierte. Denn hatte Herr Professor Doktor Alfons B. Weniger mit dem Wurm nicht genau das fertiggebracht, wovon die meisten Naturwissenschaftler ihr Leben lang vergeblich träumen? Die Entdeckung einer unbekannten Art!

Es blieb nicht aus, dass der Puschelwurm, alias Arenicola Wenigerensis, dem Chef Zugang zum Vortragspult der wichtigsten Fachkongresse verschaffte und ähnlich Ehrenhaftes in Gang setzte. Nur Henriettes eigene Rechnung ging leider nicht auf, denn dieses Puschelvieh dachte im Traum nicht daran, seiner eigentlichen Entdeckerin behilflich zu sein! Weder öffnete es dem Professor die Augen über die verborgenen sinnlichen Qualitäten seiner Mitarbeiterin, noch brachte es ihn dazu, sie in der von ihr erträumten Weise zu belohnen. Im Gegenteil: Kurz darauf wurde das Goldfischchen endgültig an Land gezogen, und Weniger hatte neben seinem Wurm nur noch diese schillernde Erscheinung im Kopf.

Was auch immer von der Redensart »Die Zeit heilt alle Wunden« zu halten sein mag, für Henriettes Kummer traf sie in gewisser Weise zu.

Nach und nach wichen ihre heißblütigen Empfindungen für den ohnehin etliche Jährchen jüngeren Arbeitgeber eher mütterlichen Gefühlen. Verständlicherweise konnte sie dennoch eine gewisse Genugtuung kaum verhehlen, als sie bemerkte, dass sein junges Glück nicht lange währte. Das Goldfischchen hatte nämlich sehr bald von den zwanghaften Flirts ihres Ehemannes mit jedem weiblichen Wesen seiner Umgebung Wind bekommen und begann, nun selbst in fremden Gewässern zu gründeln. Dass Wenigers Flirts mehr oder weniger völlig unverbindlich zu sein pflegen, hätte das Goldfischchen natürlich mit etwas gutem Willen von dessen engster Mitarbeiterin erfahren können, die dies ja am eigenen Leib zu spüren bekommen hat. Das heißt – am eigenen Leib eben leider nicht.

»Ach, Henny«, wendet Professor Weniger sich eines frühen Nachmittags an seine Assistentin. Er ist zu ihr ins Vorzimmer geschlendert und hat dort auf dem wackeligen Besuchersessel Platz genommen. Nach dem deftigen Mensaessen kämpfen beide gegen die Mittagsmüdigkeit und warten ungeduldig darauf, dass die Kaffeemaschine ihre Arbeit beendet und verheißungsvoll zu gurgeln beginnt.

»Ach, Henny«, setzt er nochmals an, »Sie sind

wirklich die Einzige von allen, die mir immer treu geblieben ist und zu mir gehalten hat! Wo findet man das denn heutzutage noch«, sinniert er und murmelt, als spräche er zu sich selbst, »eine solch wahrhaft *treue Seele*?«

Es ist einer der seltenen Augenblicke, in denen der Chef einmal nicht den sorglosen Sonnyboy spielt, sondern ein Mensch ist wie jeder andere. Sollte ihren Strahlemann, überlegt Henriette, etwa auch die gefürchtete Midlife-Crisis gepackt haben? Wie gut könnte gerade sie ihm diesen Zustand nachfühlen, denn sie selbst leidet bereits seit einiger Zeit klaglos an ihrer eigenen, der man bei den Frauen allerdings einen weniger netten Namen verpasst hat.

In dieser Stunde wird ihr so recht bewusst, und dabei steigt unvermutet wieder eine dieser lästigen Hitzewellen in ihr auf, welch große Verantwortung sie für den Chef doch trägt! Es geht einfach nicht anders – sie muss sich schnellstens etwas einfallen lassen, um ihm aus diesem seelischen Tief herauszuhelfen, sie muss für ihn denken und handeln. Ja, genau: Neue Erfolge auf seinem speziellen Forschungsgebiet sind gerade auch aus diesem Grunde unerlässlich! Zwar hat der gute Puschelwurm sich jahrelang als wissenschaftlich äußerst ergiebig erwiesen, mittlerweile ist aber auch wirklich alles an ihm erforscht. Er ist völlig ausgelutscht und sozusagen nur noch eine leere Hülle. Könnte es denn nicht sein, dass ihr auf der nächsten Expedition wieder ein ähnlicher Glückstreffer gelänge? Ach, wenn Glück sich doch nur erzwingen ließe!

Das alles geht Henriette durch den Kopf, während sie Wenigers Kaffeebecher füllt, zwei Süßstofftabletten und ein Stück Würfelzucker hineinwirft, bevor sie kräftig umrührt. Dem Professor scheint allerdings inzwischen schon selbst eingefallen zu sein, womit er seine momentane melancholische Stimmung verscheuchen kann. Denn jetzt hockt er wieder hinter seinem eigenen Schreibtisch, aus dessen Mittelschublade er den Aktendeckel mit seiner Kreuzsticharbeit hervorgeholt hat. Und eigentlich, stellt Henriette gerührt fest, sieht er sogar recht zufrieden aus, wie er dort mit um den Hals gehängter, von der Brust abstehender Handarbeitslupe so eifrig die Stiche auf der Mustervorlage abzählt, um danach die vor einigen Tagen begonnene Arbeit fortzusetzen.

Erst seit kurzem frönt er jenem nach konservativen Maßstäben als unmännlich geltenden Zeitvertreib, den er deshalb ängstlich vor Außenstehenden geheim hält. Letzteres selbstverständlich nicht vor einer engsten Mitarbeiterin. Und Henny kann das Hobby ihres Chefs nur gutheißen, denn solange er damit beschäftigt ist, stört er sie nicht bei ihren eigenen wichtigen Tätigkeiten. Teilnehmend erkundigt sie sich sogar jeden Morgen nach dem Stand der Dinge und verfolgt mit geradezu mütterlichem Stolz seine wirklich bemerkenswerten Fortschritte. Sie hegt übrigens den nahe liegenden Verdacht, die Ursache der plötzlichen Kreuzstichmanie sei in Wenigers häuslicher Einsamkeit zu suchen, die durch das häufige Abtauchen des Goldfischchens bedingt ist. Na ja, denkt sie schadenfroh, das hast du dir schließlich selbst eingebrockt, mein liebster Alfons!

Inzwischen laufen die Vorbereitungen für die nächste Forschungsfahrt auf Hochtouren, und Henriette kommt vor lauter Arbeit kaum zur Besinnung – zumal sie sich von dieser Unternehmung allerhand verspricht. Und zwar in jeder Hinsicht. Müssen denn mütterliche Gefühle und Erotik einander völlig ausschließen? Und ist es nicht so, dass der Mensch hofft, solang er lebt? Warum sollte es da ausgerechnet bei Henriette wohl anders sein?

Selbst ihr Chef wirkt ungewohnt emsig. Vor Kurzem ist nämlich doch etwas von den professoralen und mittlerweile auch erstaunlich kunstfertigen Handarbeiten nach außen gedrungen, und zwar ausgerechnet zu dem bedeutenden Galeristen Konstantin J. Melastrowitsch. Henriette wird zufällige Zeugin von dessen Begeisterung über Wenigers unglaubliche Kreativität im Entwickeln immer neuer Figuren oder Ornamente. Dabei bereitet es ihr einige Mühe, ein selbstgefälliges Lächeln zu unterdrücken. Denn ohne Frage verhält es sich mit den Stickvorlagen wie seinerzeit mit dem Puschelwurm: Beides hat Weniger weniger sich selbst als seiner Assistentin zu verdanken. Diese – nach wie vor unablässig bemüht, ihrem Alfons Gutes zu tun – war eines Tages auf die Idee mit den rasterelektronenmikroskopischen Aufnahmen verfallen. Und so liegt der unglaublichen professoralen Kreativität natürlich nichts anderes zugrunde, als beispielsweise ein fünfzigtausendfach vergrößerter Puschel des gleichnamigen Wurms oder ein ebenso dimensionierter Ausschnitt seines kombinierten Nahrungsaufnahme- und Verdauungstraktes. Wie man sich wohl denken kann, ist selbst der tüchtigen Henriette dies nicht gerade in den Schoß gefallen. Im Gegenteil. Manch freiwillige Tüftelüberstunde hat sie am Computer zubringen müssen, bevor sie dem Chef die elektronisch verfremdeten Fotos als exakt ausgearbeitete Stickvorlagen auf den Tisch legen konnte.

In gewisser Hinsicht darf sie also erleichtert

aufatmen: Das Hobby ihres Alfons verhilft ihm zu den psychisch dringend notwendigen Erfolgserlebnissen, um seine mit der Midlife-Crisis einhergehenden Selbstzweifel zu minimieren. Hinzu kommt, dass Herrn Melastrowitsch' Begeisterung inzwischen so hohe Wellen schlägt, dass er nichts weniger als eine Einzelausstellung mit Weniger-Arbeiten plant.

Jetzt fehlt nur der nochmalige Coup auf dem speziellen Forschungsgebiet. Kommt Zeit, kommt Rat, tröstet Henriette sich tapfer, wenn sie hin und wieder sorgenvoll in Wenigers wenig rosige akademische Zukunft blickt. Zu allem Überfluss ist ihr kürzlich zugetragen worden, das Kollegium mache sich nicht nur über den stickenden Professor lustig, sondern auch über die von ihm so sorgfältig gewählten Vorlesungstermine – sogar der Dekan soll sich über Letztere abfällig geäußert haben. Aber laut Vorlesungsverzeichnis – verteidigt Henny beherzt ihren Chef – geht der Universitätsbetrieb doch immerhin bis in den späten Freitagnachmittag. Und wenn in diesen Randstunden die Studierenden überall anders, nur nicht auf dem Campus zu finden sind, ist das wohl kaum dem Professor anzulasten! Jedenfalls, und das könne sie bezeugen, pflege Weniger mit bewundernswerter Geduld stets akkurat die akademische Viertelstunde auszuharren, bis offenkundig sei, dass sich wirklich niemand mehr zu ihm verirrt.

Einige Wochen sind vergangen, und die Teilnehmer der Forschungsfahrt schippern nun schon den zwanzigsten Tag auf dem Mittelmeer herum. Viel zu schnell nähert das Unternehmen sich seinem Ende, doch immer noch hat das Schleppnetz nichts Sensationelles heraufgebracht! Obwohl der Schiffskoch sich heute wieder selbst übertroffen hat (es gab Kraftbrühe mit Eierstich, Schweinefilet mit Pfefferrahmsauce, Champignons, Grilltomate und frischen Stangenspargel an Sauce Hollandaise, als Dessert Vanilleeis mit Erdbeeren), ist Henriette der Verzweiflung nahe. Wie soll sie dem Chef denn nur auf die fachlichen Beine helfen, wenn das Entdeckerglück sie diesmal dermaßen im Stich lässt! Außer einigen Puschelwurmabarten, für die vor vielen Jahren sie so mancher beneidet hätte, gab es bisher absolut nichts Ungewöhnliches zu registrieren!

Ganz im Gegensatz zu seiner Assistentin ist Fahrtleiter Weniger hochzufrieden mit dem Verlauf der Expedition. Denn an den langen Tagen auf See hat er es tatsächlich geschafft, die restlichen Exponate pünktlich für die Vernissage in

Herrn Melastrowitsch' Galerie fertig zu sticken. Und jetzt, da dieser ungewohnt lästige Termindruck von ihm gewichen ist, genießt er auf dem Deckchair liegend die herbstliche Sonne und den für ihn unvermeidlichen Flirt mit den jüngsten Fahrtteilnehmern, zwei quirligen Diplomandinnen. Als ob alles in bester Ordnung wäre, denkt Henriette kopfschüttelnd, als sie ihn dabei erwischt. Deine Sorglosigkeit, mein liebster Alfons, ist wirklich schon grenzwertig!

Während sie ihrem Chef gedanklich dies und anderes vorhält, beobachtet sie zerstreut, wie ein Kollege von der anderen Abteilung mit der gerade vom Meeresboden eingeholten Sonde hantiert. Automatisch hebt sie ein auf das Deck gefallenes Stückchen des kostbaren Sediments auf und reibt es gedankenverloren zwischen Daumen und Zeigefinger, bis nur noch ein winziges Krümelchen übrig bleibt. Versonnen fällt ihr Blick darauf. Das kleinste Teilchen ... Plötzlich ist sie hellwach! Quark? Wie bei den Quarks muss es sein! Schon spürt sie das Kribbeln in der Magengegend, das bei ihr bedeutenden Ereignissen vorauszugehen pflegt. Wie der Zufall es will, hat sie nämlich kürzlich einen − wenn auch bereits ziemlich verkästen − Aufsatz über die Quarks gelesen. Danach habe diese kleinsten Teilchen noch nie jemand wirklich gesehen, höchstens

Spuren ihrer möglichen Existenz hätten bisher sichtbar gemacht werden können! Und dennoch geistern sie munter durch die wissenschaftliche Literatur. Was wäre, wenn ..., ja ..., wenn nun ausgerechnet sie diejenige sein wird, die die Spur einer Spur einer Spur des Mikro-Urwurms findet? Pardon – als der eigentliche Entdecker wird selbstverständlich Herr Professor Doktor Alfons B. Weniger öffentlich in Erscheinung treten. Vielleicht schlägt man ihn danach sogar für den Nobelpreis vor? Oh, Alfons, mein liebster Alfons! Ein Empfang bei Königs? Henriette erschauert jäh bei dieser Vorstellung: Das wäre die Krönung!

Kaum hat sie zu Hause wieder festen Boden unter den Füßen, beginnt sie zielstrebig mit den Vorbereitungen für das so dringend gebotene wissenschaftliche Meisterstück. Zunächst macht sie sich mit den Tücken von Computersimulation und virtuellen Bildinhalten vertraut. Als sehr vorausschauend soll sich jetzt herausstellen, dass sie ihrem Lieblingsneffen kürzlich so großzügig den überdimensionierten PC und die teure Spezialsoftware spendiert hatte. Denn damit und aufgrund seiner frisch erworbenen, spezifischen Kenntnisse kann er ihr nun äußerst nützlich sein. Leider wird es aber unvermeidlich, ihn in groben Zügen in ihren Plan einzuweihen. Doch nur so bringen sie es in gemeinsamer Anstrengung schließlich fertig, die Spur einer Spur einer Spur des Mikro-Urwurms zu visualisieren. Jedenfalls auf dem Monitor, der das Ergebnis ihrer Bemühungen bereitwillig und dazu noch aus allen möglichen Perspektiven zeigt.

Und dann ist endlich der Tag gekommen, an dem Henriette den Chef mit den farbig ausgedruckten Beweisen ihres bislang verheimlichten, unglaublich sensationellen sogenannten Fundes der letzten Forschungsfahrt konfrontiert. Sie hat sogar schon eine Zusammenfassung der Fachaufsätze angefertigt, die seit Jahren das Vorhandensein dieser Spur einer Spur einer Spur des Mikro-Urwurms ankündigen und theoretisch beweisen.

»Henny!«, ruft Professor Weniger überrascht aus. »Träume ich oder was? Das ist ja fantastisch, was wir da entdeckt haben!« Begeistert blättert er in den Papieren und hält sich entzückt die als Beweise dienenden Abbildungen vor die Lesebrille. »Ja, ja«, sinniert er nach einer kleinen Weile, »wir beide, meine Liebe«, dabei blickt er seine fähige Mitarbeiterin (zu allem fähig, wie man inzwischen weiß!) stolz an, »wir beiden alten Schlachtrosse, wir sind doch wirklich ein tolles Team!«

Schlachtrosse? Henriette – eben noch auf rosa

Wolken der Hoffnung schwebend, die zur Belohnung für ihre Mühe endlich die lang ersehnte professorale Umarmung versprach – fühlt, wie sie im freien Fall auf den harten Boden der Realität hinabstürzt. Schlachtrosse! Aufgebracht schüttelt sie ihre akkurat frisierte graublonde Mähne, und sie muss sich sehr zusammenreißen, nicht vor Erregung durch die Nüstern zu schnauben und wild mit den Hufen zu scharren. Schlachtross! Was zu viel ist, ist zu viel! Und obwohl sie normalerweise sehr überlegt handelt und nie Entscheidungen trifft, ohne vorher das Für und Wider gründlich abzuwägen, fasst sie nun ganz spontan einen Entschluss.

»Bei dieser Gelegenheit, Herr Professor«, wendet sie sich an ihren Arbeitgeber. Inzwischen hat sie schon wieder zu ihrer gewohnten ruhigen Art zurückgefunden. Jedenfalls äußerlich, denn in ihrem Innern tobt ein Hurrikan, der ihre mühsam gezimmerten Fantasiebauten in sich zusammenfallen lässt, »bei dieser Gelegenheit», beginnt sie nochmals, »möchte ich Sie davon in Kenntnis setzen, dass ich demnächst in den vorgezogenen Ruhestand gehen werde!«

Weniger, der immer noch mit selbstgefälligem Lächeln die Unterlagen über die angebliche Spur einer Spur einer Spur des Mikro-Urwurms studiert, zuckt wie vom Blitz getroffen zusammen.

»A-a-a-aber H-H-H-Henny!«, stottert er nach einer Schrecksekunde völlig aus dem Takt gebracht. Vergeblich bemüht er sich, das bislang unwiderstehliche, jungenhaft charmante Lächeln auf sein entsetztes Gesicht zu zaubern. »Henny, das können Sie mir doch nicht antun! Nicht gerade jetzt, wo ich endlich die Früchte meiner unermüdlichen Forschungsarbeit ernten kann!«

»Selbstverständlich, Herr Professor«, ergänzt Henriette kühl ihre knappe Mitteilung, »unter Einhaltung der tariflichen Kündigungsfrist!«

Abschließend sei noch berichtet, dass – wie der wissenschaftliche Zufall es so will – kurz nach Wenigers Veröffentlichung seines sensationellen sogenannten Fundes andere Kollegen in aller Welt behaupten, just zum gleichen Zeitpunkt zu ähnlichen Ergebnissen gekommen zu sein.

Henriette lässt dies alles jedoch ziemlich unberührt. Inzwischen hat sie nämlich gemeinsam mit ihrem Lieblingsneffen eine Firma gegründet, die komplizierteste wissenschaftliche Computergrafiken anfertigt und äußerst gewinnbringend vermarktet. Diese interessante Aufgabe nimmt sie so in Anspruch, dass ihr für gelegentlich Besuche im Institut keine Zeit bleibt. Dies bedeutet natürlich nicht, dass man ihr nicht dennoch den neuesten Klatsch zuträgt. Und zwar, dass ihre dreißig Jahre jüngere Nachfolgerin bereits vor Ablauf der Probezeit wegen Unfähigkeit gefeuert wurde und Weniger seither ebenso verzweifelt wie vergeblich nach qualifiziertem Ersatz sucht. Hach!, frohlockt Henriette mitleidlos, das gönn ich dir! Sieh nur zu, wie du ohne mich zurechtkommst, mein Alfons! Das heißt, *ihr* Alfons ist er schon lange nicht mehr, und genau genommen hat davon natürlich auch nie die Rede sein können.

Ach, denkt sie bisweilen, wenn ihr mehr oder weniger zufällig Weniger in den Sinn kommt, hätte meine wundervolle Weniger-Beziehung denn nicht noch einige Jahre andauern können? Warum nur mussten plötzlich alte Schlachtrosse auf der Bildfläche erscheinen und sämtliche Blütenträume grausam mit ihren Hufen zertrampeln!

Teufels Küche

Teufel nochmal!«, flucht Herr von Silberstern, »was hat der Chef denn nun schon wieder angestellt!«

Herr von Silberstern arbeitet als Pförtner und Hausmeister in der Behörde von Präsident Teufel. In letzter Zeit springen dauernd die Sicherungen raus und Frau Rose, die Vorzimmerdame, nervt ihn mit dem Auftrag, dies wieder in Ordnung zu bringen.

»Die können einen aber auch nie in Ruhe lassen!«, schimpft der Hausmeister vor sich hin, während er keuchend die drei Treppen zur Chefetage hochsteigt. Der Lift ist schon seit Langem außer Betrieb. Für die notwendigen Reparaturen bewilligt das zuständige Ministerium kein Geld mehr, da das Amt sowieso bald aufgelöst und das Gebäude abgerissen werden soll. Beide sind Relikte der vorherigen Regierung und für die jetzige nur noch ein Ärgernis. Das Gleiche gilt für den Präsidenten, der sich zudem hartnäckig sträubt, in den vorzeitigen Ruhestand zu gehen. Daraufhin entzog man ihm nicht nur sein

Aufgabenfeld, sondern nach und nach auch seinen Mitarbeiterstab. Seitdem sitzt Teufel sozusagen auf verlorenem Posten. Gesellschaft dabei leisten ihm nur noch Herr von Silberstern und Frau Rose, die sich bisher erfolgreich gegen ihre Versetzung in eine andere Behörde wehren konnten.

Nun darf man allerdings nicht glauben, die drei Besoldungsempfänger lägen den ganzen Tag auf der faulen Haut – das nun wahrlich nicht! Herr von Silberstern, zum Beispiel, tüftelt unermüdlich an einem Lotto-Gewinnsystem. Im Moment fehlt ihm für dessen Erprobung zwar noch das nötige Kapital, aber eines Tages …

Frau Rose schreibt ein Buch, selbstverständlich wird es ein Liebesroman. Das fällt ihr ziemlich leicht. Nicht, weil sie selbst so viel erlebt hätte. Doch gerade deshalb verfügt sie über einen unerschöpflichen Vorrat an Fantasie. Und beim Formulieren befolgt sie gewissenhaft den Rat ihres alten Deutschlehrers: »Schreib, wie du sprichst!« Glücklicherweise spricht sie viel, wenn auch wegen fehlender Zuhörer meistens mit sich selbst. Hierbei handelt es sich hauptsächlich um allgemeine Redensarten. Doch von jenen kann ihr Roman nur profitieren, denn bekanntlich sind Sprüche wie »Schiet und Kaneel!«, »Da ist Holland in Not!«, »Jetzt schlägt's dreizehn!« und

Ähnliches hervorragend zur sprachlichen Auflockerung literarischer Texte geeignet.

Bei diesem ehrgeizigen Vorhaben kommt ihr auch der schon etwas betagte Personalcomputer sehr zustatten. Allerdings hat sie sich angewöhnen müssen, selbst kürzeste Abschnitte sofort abzuspeichern, und zwar am besten gleich auf die externe Festplatte, da dummerweise dauernd der Strom ausfällt und damit auch das Gerät. Merkwürdig, dass dies immer passiert, wenn der Chef am Kommentar arbeitet, den er zusammen mit seinem ehemaligen Stellvertreter Herrn Vizepräsident Himmel sowie Herrn Assessor Doktor Meyer-Hülsenbusch herausgibt. Merkwürdig ist auch, dass unmittelbar vor dem Stromausfall seine Stimme durch die Sprechanlage zu dröhnen pflegt:

»Frau Rose, bitte in der nächsten Zeit keine Störungen, muss mich äußerst konzentrieren! Kein Telefon, keine Besucher! Hiervon ausgenommen ist natürlich Herr Himmel!«

Grübelnd fragt Frau Rose sich immer wieder: Arbeiten der Chef und sein Exvize nun tatsächlich am Kommentar oder tun sie etwas ganz anderes? Für Letzteres spricht Herrn Himmels gerötetes Gesicht, wenn er später wieder durchs Vorzimmer geht, und vor allem der glückliche, um nicht zu sagen, satte Ausdruck darauf. Frau

Rose vermag sich beim besten Willen nicht auszudenken, welche Tätigkeit dies bewirken könnte!

»Abwarten und Tee trinken!«, spricht sie zu sich. »Nichts ist so fein gesponnen, 's kommt doch ans Licht der Sonnen!«

Aber der Einzige, der außer Teufel ihre Neugier befriedigen könnte, wäre natürlich Herr Himmel. Der begnügt sich jedoch damit, ihr regelmäßig vor seinen Chefbesuchen mit tiefer Verbeugung und galantem Handkuss eine einzelne dunkelrote Rose zu überreichen. Dabei murmelt er immer das Gleiche:

»Der Rose die Rose!«, und während sich seine Nasenflügel blähen, pflegt er tief einatmend festzustellen: »Die Rose verströmt heute wieder einen betörenden Duft!«

Hier muss eingefügt werden, dass die Sekretärin einem Laster frönt: Sie ist nämlich parfümsüchtig, und zwar in bedenklichem Maße, wechselt sie ihre persönliche Duftnote doch beinahe so häufig wie andere Frauen ihre Schlankheitsdiäten. Doch auch wenn sie es sich nicht anmerken lässt, so bleibt sie nicht unbeeindruckt von Himmels altmodischen Manieren.

»Wäre er nur nicht verheiratet!«, seufzt sie hin und wieder leise vor sich hin. Diese Tatsache ist in ihren Augen ein leider nicht zu ignorierender

106

Makel, der sie ganz außerordentlich stört. Sein fortgeschrittenes Alter, die Vollglatze und eine beachtliche Körperfülle könnte sie dagegen glatt übersehen.

Der Vize als Informationsquelle scheidet also aus. So bleibt nur noch der Präsident selbst. Der benimmt sich indessen, als passiere nicht im Entferntesten etwas Geheimnisvolles hinter seiner gepolsterten Tür. Festzustellen bleibt allerdings, dass er seit einiger Zeit richtig aufblüht, um nicht zu sagen: Er ist ausgesprochen rundlich geworden.

Natürlich kann Frau Rose nicht ahnen, dass diese Gewichtszunahme einen ganz einfachen Grund hat. Trotz amtlichen Aufgabenentzugs ist nämlich auch der Präsident nicht faul, denn neuerdings geht er einer Beschäftigung nach, die ihn sozusagen voll und ganz ausfüllt. Der Kommentar ist es jedenfalls nicht. Den verfasst ohnehin ausschließlich Assessor Doktor Meyer-Hülsenbusch, Teufel und Himmel geben nur ihre guten Namen her. »Soll der junge Spund auch mal was tun!«, lautete schon vor Jahren ihr einstimmiger Beschluss.

Bedauerlicherweise ist Präsident Teufel seit einiger Zeit gezwungen, ein freudloses Witwerdasein zu fristen. Zwangsläufig brachte dieser beklagenswerte Zustand ihn dazu, sich unter andediesem auch mit seiner Ernährung zu beschäftigen. Nachdem er eines Tages das ständige Restaurantessen satt hatte, machte er sich daran, eigenhändig kleine Gerichte zuzubereiten. Zaghaft begann er mit Bratkartoffeln und Spiegeleiern, arbeitete sich langsam über Spaghetti und Steaks zu klumpenfreien Mehlschwitzen, zusammengerollt gebliebenen Rouladen und körnig trockenem Reis hoch und stellte schließlich fest, dass Kochen sogar Spaß machen kann.

Mittlerweile richtet sich sein Interesse hieran aber nicht mehr nur auf die Praxis, sondern auch auf die Theorie. So wie andere Leute Briefmarken sammeln, forscht er nun unermüdlich nach seltenen Kochbüchern. Schon jetzt besitzt er einen beachtlichen Fundus exquisiter und zum Teil sogar historischer Unikate. Und nachdem man ihm perfide seine eigentlichen Aufgaben entzogen hat, ergibt sich für ihn als logische Folge, nunmehr die auf das neu erschlossene Spezialgebiet zugeschnittene Fachliteratur in greifbarer Nähe verfügbar zu halten. Selbstverständlich besitzt er als langjähriger Staatsdiener genügend Loyalität, dies äußerst diskret zu bewerkstelligen. Daher ahnt niemand, welch deliziöse Publikationen sich in seinem Dienstzimmer auf den Regalen hinter den langen Reihen der Sammelbände juristischer Fachzeitschriften sowie dem *Schönfelder, Sartorius* und *Palandt* verbergen.

Dass Präsident Teufel auch bei seiner jetzigen Beschäftigung streng methodisch vorgeht, muss wohl nicht ausdrücklich erwähnt werden. Wie immer steht am Anfang intensives Literaturstudium mit Fertigung zahlreicher Exzerpte. Daraufhin muss definiert und subsumiert werden. Als Nächstes folgt nun jedoch etwas einem Juristen völlig Wesensfremdes, nämlich schöpferisches Arbeiten. In diesem Fall handelt es sich um kühne Versuche, eigene Rezepte zu komponieren. Nur – welchen Charme, geschweige denn Nutzen besitzt eine Komposition, die ausschließlich auf dem Papier existiert? Natürlich will sie zum Leben erweckt und zum Singen und Klingen gebracht werden! Wegen unzureichender Einrichtung seines Dienstzimmers muss der Präsident sich hierbei leider auf Präludien und Ouvertüren und dazu noch deren sparsamste Instrumentierung beschränken, das heißt zu Deutsch: auf Hors d' œuvres.

In diesem Zusammenhang leuchtet ihm logischerweise auch des alten Raffaelus Rübsams kluge Vorbemerkung zu seiner Abhandlung »Characteristica köstlicher kalter Cuisine« (Carlsruhe 1774) ein. Dort heißt es nämlich: »Das Geheymniss schmackhaffter Speysen rühret her von der Frysche ihrer Zuthaten!«

Also sieht man an den beiden wöchentlichen Markttagen den Präsidenten mit dem Aktenkoffer in der Hand sein Amt verlassen und mit über seine linke Schulter gewehter Krawatte und flatternden Hosenbeinen ins nahe Stadtzentrum eilen.

»Frau Rose, ich muss«, sagt er vorher stets kurz Bescheid, »mal eben zu einem wichtigen Termin!«

Auf dem Markt erwartet ihn bereits sein ehemaliger Vize, der als Erstes eine knappe vorläufige Stellungnahme zum aktuellen Angebot abgibt. Der gute Himmel ist selig, wenn er etwas außer Haus zu tun hat und somit für einige Zeit seiner streitsüchtigen Frau Gertrud entrinnen kann. Zudem darf er an solchen Tagen einer amtlichen Einladung zum Essen gewiss sein. Inzwischen hat er sich sogar angewöhnt, in seiner Aktentasche eine Flasche Wein vorrätig zu halten. Dies natürlich, um womöglich später nicht ohne Gastgeschenk dazustehen.

Nach erfolgreichem Marktbesuch strebt der Präsident eilends zurück ins Büro. Im Bewusstsein der Schätze in seinem Aktenkoffer, die neben anderem frische Brunnenkresse, Zitronenmelisse, Liebstöckel, Pimpinelle oder im Glücksfall Tripmadam sein können, und zum Garnieren gelbe und orangenfarbene Calendula oder bunte Kapuzinerkresse – vielleicht sogar blaue Borretschblüten? –, glühen seine Wangen und die Augen strahlen. In freudiger Erwartung des bevorstehenden Werks arbeiten seine Speicheldrüsen schon auf Hochtouren, und es bereitet ihm einige Mühe, Frau Rose ein trockenes »Bin wieder da-a!« zuzurufen.

Vor Kurzem nun hat er sich – unbemerkt von Herrn von Silberstern, der während jener Freitagmittagstunde vor dem kleinen portablen Fernseher vollauf mit den Ausscheidungsspielen für die Fußballweltmeisterschaft beschäftigt war, – ein Kühlgerät in sein Dienstzimmer liefern lassen. Dies verbirgt er im belüft- und abschließbaren Garderobenschrank, in dem sonst nur noch seine appetitlich geblümte Arbeitsschürze hängt.

Aber – ist es nicht immer wieder dasselbe? Nie gibt der Mensch sich zufrieden! Teufel bildet da keine Ausnahme.

»Was ist denn schon ein Koch, der nicht wirklich kocht, sondern nur kalte Gerichte zubereitet!«, seufzt er eines Tages. »Norwegischer Wildlachs, geräucherte Forelle, Hummer, Langusten, Kaviar, amerikanische Flusskrebse und Husumer Krabben ..., noch so fantasievoll komponiert und raffiniert garniert, sind zwar schön und gut«, klagt er, »aber das kann im Leben doch nicht alles gewesen sein! – Ich will«, entscheidet er beherzt, »ich muss, also werde ich kochen!«

Der Tag, an dem Frau Rose beim Zahnarzt weilt, Herrn von Silbersterns Anwesenheit am Bildschirm während des Weltmeisterschaft-Endspiels unerlässlich ist, erscheint günstig, um mit Himmels Hilfe den Dreiplattenherd zu installieren. Als geeigneter Platz dafür bietet sich der seit Längerem entleerte Schrank für Personalakten an, denn dieser besitzt als Einziger ein Sicherheitsschloss. Hier findet sich sogar noch Raum für Töpfe und Pfannen, die bisher behelfsmäßig im linken Schreibtischfach untergebracht werden mussten.

Jetzt endlich braucht Teufel seinem schöpferischen Drang keine Zügel mehr anzulegen! Allerdings fällt ein Wermutstropfen in seine Euphorie: Die Stromstärke im Dienstzimmer reicht nicht aus, um alle Kochplatten samt Backofen auf einmal einschalten zu können. Da bedarf es manch kluger Überlegung, dreigängige Menüs ohne ein Kollabieren der Sicherungen zuzubereiten. Nicht immer gelingt ihm dies, und bekanntermaßen müssen Frau Rose und Herr von Silberstern darunter leiden.

Der Vize im Ruhestand wird nun zusätzlich beauftragt, auch noch Supermärkte und Delikatessengeschäfte auf Spezialitäten hin zu inspizieren – ständig ist er auf den Beinen! Und befindet er sich einmal nicht auf Inspektionstour, geht er dem Präsidenten an Ort und Stelle mit niederen kleinen Diensten zur Hand, wie zum Beispiel Gemüseputzen und Geschirrspülen. Das ist jedenfalls tausendmal besser, als zu Hause Gertruds Gezeter anzuhören. Ein erfreulicher Nebeneffekt seiner häufigen Besuche sind für die Sekretärin übrigens die vielen einzeln überreichten Rosen, aus denen sie bald üppige Sträuße arrangieren kann.

Und der Chef wagt sich mittlerweile voller Selbstvertrauen sogar an *Ente auf französische Art*, *Maronenkroquetten* und *Heideblütenhonigparfait*. Wenn er auch früher über beides geschimpft hat, so muss er jetzt hin und wieder die Klimaanlage und sogar Frau Roses Parfümsucht lobpreisen. Vor allem, wenn er Knoblauchzehen quetscht oder ein Käsesoufflé aus dem Backofen nimmt.

»Mein lieber Himmel«, erklärt er eines Mittags, während er sich eine Spur Mousse au Chocolat mit der vom Vize ursprünglich kunstvoll gefalteten Serviette von den Lippen tupft, »wenn ich dereinst von hinnen gehen muss, so wünsche ich mir, dies nach solch köstlichem Mahl zu tun!«

Himmel erhält neuerdings die Anweisung, seine lockeren Kontakte zu Jägerkreisen zu festigen, denn der Präsident lechzt nach Außerordentlichem. Unbedingt muss er nämlich das Rezept *Junger Dachs zu braten* erproben und die *Auerwild-Pastete (sehr zu empfehlen)*.

»Es gibt so viele köstliche Speisen«, seufzt er hin und wieder, während er sich verzweifelt die wenigen noch verbliebenen grauen Haare rauft, »doch das Leben ist viel zu kurz!«

Oft brennt lange nach Feierabend noch Licht im dritten Stock des Dienstgebäudes – Teufel kann einfach nicht aufhören zu arbeiten!

Dazu kommt noch der Fernkurs, für den er sich nun wirklich anstrengen muss. Zum Glück dauert die Post aus Japan ziemlich lange, sodass er bis zur Rücksendung seiner dort korrigierten Testbögen ein wenig verschnaufen kann. Von diesem Vorhaben weiß nicht einmal der liebe Himmel etwas. Jedenfalls winkt als Abschluss das heiß begehrte Diplom der Fugu-Akademie, mit dem er endlich zum Gipfel der Haute Cuisine aufsteigen wird. Dann wird er zu den wenigen Auserwählten zählen, die legitimiert sind, das berühmt berüchtigte japanische Kugelfischgericht zuzubereiten!

Viel eher als erwartet, trifft jener bedeutsame Brief aus Japan ein. Die hohe Nachnahmegebühr zahlt Teufel, ohne mit der Wimper zu zucken. Jetzt, wo er endlich das ersehnte Diplom in Händen halten darf, kommt es auf ein paar Euro mehr oder weniger nun wirklich nicht an.

Die Fußnote auf der Urkunde, es handele sich nur um eine theoretische und keinesfalls um eine praktische Befähigung, kann für den Präsidenten selbstverständlich nicht gelten. Sicherheitshalber hat er nämlich noch vertiefende Literaturstudien betrieben, und zwar in der Bibliothek des Fischereibiologischen Instituts. Dabei lernte er, dass nur lächerliche sechzig Prozent aller Kugelfischvergiftungsfälle tödlich enden! Zufällig traf er dort – welch viel versprechender Wink des Schicksals! – seinen alten Schulfreund Kuddel wieder, der seit vielen Jahren als Kapitän eines Forschungsschiffs auf allen Meeren zu Hause ist.

Eines Morgens, als Teufel zum wiederholten Mal seine umfangreiche Rezeptsammlung nach einem neuen System zu ordnen versucht, stellt Frau Rose ahnungslos das alles entscheidende Telefongespräch ins Chefzimmer durch. Kuddel meldet über Satellit von Bord der NEPTUN:

»Wir haben einen Tetraodontidae gefangen, er ist im Transportbecken hier an Bord. Du kannst deinen Kugelfisch also heute Vormittag am Institutshafen abholen!«

Teufels Herz beginnt zu rasen und sein Blutdruck steigt bedenklich, als ihm bewusst wird: Der Tag X ist angebrochen!

Bevor er mit vor Erregung zitternden Händen nach seinem Aktenkoffer greift, der innen längst als Kühltasche eingerichtet wurde, denkt er noch daran, einen Kontrollblick in den kleinen Wandsafe zu werfen. Jawohl, dort wo früher das Dienstsiegel verwahrt wurde, liegt alles an seinem Platz: Die Diplomurkunde, sterile Operationshandschuhe, Skalpell und Spezialschere. Vor allem aber die extra hohe Kochmütze mit der zierlichen Goldstickerei, die einen zur Kugel aufgeblähten Fisch vor dem Umriss des Fuji Yama darstellt. Natürlich vergisst er auch nicht, seinen treuen Verbündeten telefonisch einzuladen:

»Mein lieber Himmel«, verspricht er, »Sie dürfen sich heute auf etwas Einmaliges gefasst machen! Und ... äh ...«, fügt er leicht verlegen hinzu, »ein trockener Rosé wäre nicht schlecht!«

Der Präsident geht nun wieder – wie es seiner juristischen Ausbildung entspricht – streng methodisch vor. Er kauft einige Austern und Krebsschwänze, die zur Abrundung seiner speziellen Fugu-Komposition nicht fehlen dürfen, und außerdem eine Literflasche Aquavit als Dankeschön für den gefälligen Kuddel. Erwartungsge-

mäß verläuft dann die Übergabe am Institutshafen für beide Seiten gleichermaßen zufriedenstel-
lend.

Als Teufel danach wieder durch sein Vorzimmer eilt, memoriert er hoch konzentriert:

»Tetraodontidae – Familie der Kugelfische,
Tetrodotoxin – deren tödliches Gift. Besondere
Vorsicht ist geboten bei Haut, Leber und Ova-
rien!«

Daher überhört er auch den Hinweis seiner
Sekretärin:

»Herr Präsident, Ihre Brille!«

Die hatte er in der Aufregung vorhin auf ihrem Schreibtisch vergessen.

»Wer nicht will, der hat schon!«, spricht Frau
Rose leicht eingeschnappt zu sich, nachdem der
Chef in seinem Zimmer verschwunden ist, nicht
ohne sich vorher für die nächste Zeit jegliche
Störung verbeten zu haben.

Zwar weiß er genau, was jetzt im Einzelnen
zu tun ist, denn immerhin stellte das Fugu-
Diplom außerordentlich hohe intellektuelle An-
forderungen. Um jedoch den leichten Nebel vor
seinen Augen zu verscheuchen, genehmigt er
sich aus rein medizinischen Gründen einen
herzhaften Schluck vom achtundsiebzigprozen-
tigen Rum, den er eigentlich als Flambiermittel
im Schreibtisch verfügbar hält.

Schließlich aber sind alle Vorbereitungen erledigt und schon gart das Gericht im Backofen. Immer wieder aufs Neue schaut Teufel fasziniert und voll innerer Befriedigung durch dessen Glasfenster.

»Bis um ein Uhr warte ich«, murmelt er ungeduldig mit knurrendem Magen. »Wenn er dann immer noch nicht hier ist, fange ich eben ohne den lieben Himmel an!«

Ausgerechnet aber an diesem Tag kommt der Vize ziemlich spät von zu Hause weg. Er muss sich nämlich erst noch Gertruds Standpauke anhören, da er gestern wieder nicht daran gedacht hatte, beim Betreten der Vordiele sofort die Pantoffeln anzuziehen. Und als er dann schließlich in seinem Auto unterwegs ist, gerät er zu allem Überfluss ans Ende eines langen, träge dahinschleichenden Demonstrationszuges. Daher erreicht er nur mit erheblicher Verspätung sein Ziel, und die Rose für die Rose ist inzwischen welk und der Rosé warm geworden. Hoffentlich, denkt er, während er die Tür zum Chefzimmer öffnet, hat Teufel nicht schon alles selbst aufgegessen!

Doch zu seiner maßlosen Enttäuschung entdeckt er als Erstes auf der im Übrigen bereits leeren Fischplatte eine sorgfältig abgelöste nackte

Mittelgräte. Der Präsident sitzt auf seinem Stammplatz in der Besucherecke an dem für zwei Personen festlich gedeckten Tisch. Auf dem Kopf trägt er heute eine etwas verrutschte, goldbestickte Kochmütze, deren gefälteltes Oberteil verwegen nach links umgeklappt ist. Ein hochzufriedenes, fast verzücktes Lächeln liegt auf seinem Gesicht, das jedoch irgendwie nicht recht zur verkrampften Körperhaltung passen will.

»Um Himmels Willen, Herr Präsident!«, entfährt es Himmel. Im gleichen Moment begreift er, dass jener ihn gar nicht hören kann, da er nicht mehr von dieser Welt ist.

»Der gute alte Teufel«, Himmels Augen werden feucht, »wer konnte denn ahnen, dass sich so bald schon sein Wunsch nach einem angemessenen Tod erfüllen würde!«

Tapfer versucht er sich zusammenzureißen, denn jetzt muss eine folgenschwere Entscheidung getroffen werden! Sorgfältig wägt er das Für und Wider ab. Endlich ist sein Entschluss gefasst, auch wenn er das Gefühl nicht loswird, als Verräter zu handeln. Doch es geht einfach nicht anders – in diesem Fall *muss* er Frau Rose ins Vertrauen ziehen!

»Ach, du grüne Neune!«, ruft nach einer stummen Schrecksekunde die Sekretärin beim Anblick ihres toten Chefs. »Da ist Holland in

Not!« Doch als sie schließlich das ganze Ausmaß der Katastrophe begriffen hat, entscheidet sie wie gewohnt schnell und praktisch. »Da muss Silberstern aber mal mit anpacken! Frisch gewagt ist halb gewonnen!«

Zu dritt verfrachten sie Teufel behutsam auf seinen Chefsessel hinter dem Schreibtisch und beseitigen alle Spuren, die im Zimmer auf eine andere als eine rein geistige Tätigkeit schließen lassen könnten. Die umsichtige Frau Rose breitet sogar das aufgeschlagene Bundesgesetzblatt neuesten Datums vor dem Präsidenten aus und setzt ihm die bei ihr vergessene Brille auf die Nase. Dennoch muss Herr von Silberstern später auf halber Treppe noch einmal umkehren, weil ihm etwas eingefallen ist: Niemand hatte in der Aufregung daran gedacht, dem Chef die Kochmütze abzunehmen!

So kann es im großformatigen Nachruf des Ministeriums auch nicht anders heißen als: »Mitten aus seiner verantwortungsvollen Tätigkeit zum Wohle der Allgemeinheit wurde Herr Präsident Teufel unerwartet in die Ewigkeit abberufen.« Es wird gemunkelt, höheren Orts habe man ungerührt zugesehen, wie Teufel sich buchstäblich zu Tode gearbeitet hat.

Zu Recht betrachten Frau Rose, Herr Himmel

und Herr von Silberstern sich als Teufels nächste Hinterbliebene. Ganz automatisch bringen die heimlichen Aufräumarbeiten sie einander auch menschlich näher. Der Vize entschließt sich sogar, Herrn von Silberstern das erforderliche Kapital zur Erprobung des raffinierten Gewinnsystems zu leihen. Man glaubt es kaum, aber tatsächlich werden schon bei einem der ersten Versuche beide Lottomillionäre! Daraufhin leistet Herr von Silberstern sich ein zu seinem Namen passendes luxuriöses Cabriolet und eine zum Cabriolet passende jugendfrische Blondine und braust mit beiden sofort ab in den sonnigen Süden.

Himmel stellt Gertrud vor die Wahl:

»Entweder du willigst in die sofortige Scheidung ein und erhältst fünfhunderttausend Euro, oder ich verlasse dich sowieso und du kriegst gar nichts!«

Gertrud überlegt nur kurz, bevor sie Ersteres wählt. Ohne es zu wissen, sorgt sie auf diese Weise dafür, dass Himmel bald kein unverzeihlicher Makel mehr anhaftet.

Frau Rose plant indessen die Herausgabe von Teufels gesammelten Rezepten, die Himmel mit Kommentaren versehen soll. Übrigens legen sie bei den zahlreichen hierfür erforderlichen Besprechungen auch ihren Hochzeitstermin fest.

Den Liebesroman hat Frau Rose vollkommen vergessen. Ist denn die Wirklichkeit nicht irgendwie ganz anders und vor allem viel aufregender?

»Teufels Kochbuch« entwickelt sich überraschend zu einem Bestseller – merkwürdigerweise überwiegend in Esoterikerkreisen. Und wie man hört, werden die Frischvermählten demnächst ein Feinschmeckerrestaurant eröffnen. Dessen endgültiger Name steht allerdings noch nicht fest, da sie sich einfach nicht entscheiden können zwischen »Himmels Reich«, »Rosengarten« oder »Teufels Küche«.

Irgendwann
regelt sich alles von selbst

Traudel liegt todmüde im Bett und kann doch nicht einschlafen, ruhelos wälzt sie sich von einer Seite auf die andere. Sie befindet sich hoch oben im dreiundzwanzigsten Stockwerk eines der zahlreichen Luxushotels von Las Vegas. Ihre ältere Schwester Hildegard auf der anderen Seite der eleganten Kingsize-Liege zersägt währenddessen einen ganzen Stadtwald. »Ein gutes Gewissen ist ein sanftes Ruhekissen«, behauptet sie immer.

Allerdings argwöhnt Traudel, dass Hildegard sich doch nicht ganz darauf verlässt, denn warum sonst nimmt sie wohl abends zusätzlich noch zwei Schlaftabletten, die sie mit einem dreifachen Magenbitter hinunterspült? Zwar ist das ein Geheimnis, von dem Traudel weiß, dass sie es eigentlich nicht wissen darf. Sie weiß aber nicht, ob ihre Schwester weiß, dass sie etwas weiß.

Hildegard hat sie zu dieser Amerikareise eingeladen. Das ist wirklich sehr großzügig von ihr, zumal Traudel seit Alberts Tod mit jedem EURO rechnen muss. Obwohl …, im Grunde wäre sie selbst natürlich lieber in den Schwarzwald gefahren, denn sie fürchtet sich vorm Fliegen und kann zudem kein Wort Englisch.

Von der älteren Schwester kam seinerzeit auch der Vorschlag zusammenzuziehen, und zwar in Traudels Häuschen. Hildegard würde die Hypotheken übernehmen, aber sonst bliebe alles beim Alten. Nur eben, dass jetzt Hildegard statt Albert dort lebt.

Wenn Traudel darüber nachdenkt, blieb jedoch so gut wie gar nichts beim Alten. Hildegard organisierte gleich alles um, das ist nun mal ihre Art. Aus dem Wohnzimmer wurde das »Studio«, wie sie es nennt. Außerdem beansprucht sie für sich das vormals eheliche Schlafzimmer. Das tut Traudel immer noch weh, hängen an diesem Raum doch so viele schöne Erinnerungen. Sie selbst muss sich mit dem früheren Kinderzimmer begnügen. All dies darf man Hildegard aber nicht übel nehmen, schließlich bezahlt sie doch alles, und natürlich kann sie auch nicht aus ihrer Haut. »Gut und gerne zweihundert Leute arbeiten unter meiner Leitung«, erklärt sie bei jeder passenden und unpassenden Gelegenheit. Und solch eine wichtige Persönlichkeit kann unmöglich nach Feierabend oder im Urlaub plötzlich die Chefin ablegen und nur noch liebende Schwester spielen! Traudel bemüht sich redlich, eine Entschuldigung für deren herrschsüchtiges Verhalten zu finden.

Selbstverständlich hätte auch Hildegard heiraten können – mehr als einmal umwarben sie die nettesten Herren! Doch sie machte lieber Karriere. Heute will sie von Männern ohnehin nichts mehr wissen, obwohl sie erst knapp Mitte fünfzig ist. »Männer!«, sagt sie und zieht dabei verächtlich die Mundwinkel herab, »nur Schrott, einer wie der andere!«

Traudel dagegen fehlt ein Mann, das muss sie offen zugeben. Fürs Haus hat sie ja nun Hildegard, aber sonst … Es überläuft sie geradezu heiß und kalt, wenn sie einem begegnet, der das gleiche Rasierwasser wie Albert benutzt oder ebenfalls diese würzigen braunen Zigaretten raucht. Einmal hatte sie sich tatsächlich hinreißen lassen, als zufällig beides zusammentraf. Seit diesem Ausrutscher bemüht sie sich eisern, sich etwas besser unter Kontrolle zu halten.

Ab und zu denkt sie, wie nett es doch wäre, wieder einmal ganz nach eigenem Belieben schalten und walten zu können, oder statt Hildegard einen Mann im Haus zu haben. Sie hegt aber wenig Hoffnung, denn für sie ist dieser Zug wohl endgültig abgefahren. Allerdings …, Mutti pflegte früher immer zu sagen: »Irgendwann regelt sich alles von selbst!« und behielt erstaunlicherweise häufig sogar Recht.

Manchmal kann Traudel ihren Groll gegen die ältere Schwester kaum unterdrücken. Kürzlich hatte Hildegard sie sogar gezwungen, Alberts gerahmtes Foto vom Fernseher zu nehmen! Kühl meinte sie: »Was sollen denn meine Gäste von mir halten, wenn sie das Bild von diesem dicken Glatzkopf bei mir entdecken!« Als das mit dem Foto passierte, hätte sie ihrer Schwester doch glatt die Pest an den Hals oder noch Schlimmeres wünschen mögen!

Heute Abend bestand für sie wieder einmal Anlass, sich schwarz zu ärgern und dazu noch in Grund und Boden zu schämen. Als sie nämlich zur Dinner-Show im eleganten Restaurant des Hotels Platz genommen hatten, befahl Hildegard mit ihrer durchdringenden Vorgesetztenstimme:

»Du gehst am besten vorher noch mal auf die Toilette! Denk an deine schwache Blase!«

Traudel blieb nur übrig zu hoffen, dass an den anderen Tischen niemand saß, der Deutsch versteht. In solchen Momenten wünscht sie wirklich, ihre ältere Schwester träfe der Schlag und fiele auf der Stelle tot um!

Plötzlich schreckt Traudel hoch. Sie muss wohl doch eingeduselt gewesen sein. Jemand hämmert an die Zimmertür und ruft:

»Feier, Feier!«

Ach, diese Amerikaner!, denkt sie und schüttelt nachsichtig den Kopf. Immer sind sie so laut! Dauernd wollen sie feiern und ihren Spaß haben! Schon wieder wird geklopft. Langsam wird sie ärgerlich. Wütend streift sie ihren neuen pink-farbenen Morgenrock über und öffnet die Tür. Sofort packt ein Mann ihren Arm und zerrt sie in den Flur, und ehe sie recht weiß, wie ihr geschieht, bewegt sie sich innerhalb einer Gruppe aufgeregter, in eine Richtung laufender Menschen.

»Aber meine Schwester …«

Sie versucht, sich dem Mann im exotisch geblümten Pyjama verständlich zu machen, der sie immer noch hinter sich herzieht.

»Kieponrannin, Hanni!«, ruft er ihr zu, »Feier! Feier!«

Traudel resigniert, aber dann sagt sie sich, solch eine Pyjama-Party ist vermutlich sowieso nicht nach Hildegards Geschmack!

Inzwischen hasten alle das Treppenhaus hinunter, das wie im Rohbau aussieht und irgendwie gar nicht zu einem Luxushotel passt. Es ist eine bunte Gesellschaft in grell gemusterten

Schlafanzügen, fantasievollen Morgenröcken, Boxershorts oder durchsichtigen Negligés.

Im Erdgeschoss hat jemand eine Stahltür geöffnet, die unmittelbar ins Freie führt. Zusammen mit dem exotisch geblümten Pyjama wird Traudel von nachdrängenden Menschen hinausgeschoben. Im ersten Moment steht sie dort etwas ratlos herum, bis sie unwillkürlich den Blicken der Leute folgt, die am Hotelturm empor sehen. Erst jetzt begreift sie, was los ist: Aus den oberen der fünfundzwanzig Stockwerke züngeln hellrote Flammen, und mit dumpfem Knall zerbirst eine Glasscheibe nach der anderen! Einen schrecklichen Augenblick lang glaubt sie sogar, in einem der brennenden Fensteröffnungen Hildegards giftgrünen Bademantel zu erkennen! Hilfe suchend wendet sie sich an den Geblümten, der auch hier nicht von ihrer Seite gewichen ist. Aufgeregt deutet sie nach oben, dann auf ihre Brust:

»Hildegard! Meine Schwester!«

»Hai Hildegard, aim Djim!«, sagt er freundlich und legt beruhigend seinen Arm um sie, denn sie zittert ein wenig und klappert leise mit den Zähnen. Tapfer versucht sie sich einzureden: Wie ich Hildegard kenne, hat sie bestimmt alles fest im Griff, ist die Ruhe selbst und jeder hört auf ihr Kommando! Während der ganzen Zeit muss sie sich jedoch große Mühe geben, nicht an die beiden Schlaftabletten und den dreifachen Magenbitter zu denken. Allerdings, wenn man es ganz genau nimmt – trotzig meldet sich eine innere Stimme zu Wort –, eigentlich weiß ich ja gar nichts davon.

Ohne es selbst zu merken, kuschelt sie sich enger an den Geblümten, und wäre da nicht das Feuer und die Sorge um Hildegard, würde sie dies sogar genießen, zumal er wirklich gut riecht. Außerdem drückt er sie jetzt in einer Weise an sich, die durchaus nicht mehr beruhigend zu nennen ist. Sollte für mich der Zug etwa doch noch nicht abgefahren sein?, fragt sie sich, während sie sich gleichzeitig schrecklich schämt und energisch zur Ordnung ruft. Unwillkürlich wandern ihre Gedanken zurück nach Hause und dann zu dem sympathischen Herrn Petersen. Jenem unlängst verwitweten Nachbarn, der ihr neulich die zauberhaften roten Rosen aus seinem Garten verehrt hatte.

Auf jeden Fall muss ich endlich Englisch lernen, nimmt sie sich vor, und während sie ins Feuer schaut, kommt ihr merkwürdigerweise Muttis Lebensweisheit in den Sinn: »Irgendwann regelt sich alles von selbst!«

Freiheit, die ich meine

Freiheit, die ich meine, die mein Herz erfüllt ...« In Lenchens Kopf geht alles durcheinander. Warum kommt ihr ausgerechnet jetzt dieses alte Lied in den Sinn, von dem sie nur noch den Anfang kennt? Dabei hat sie schon genug damit zu tun, ihren Plan nicht aus den Augen zu verlieren! Am besten wäre, sie hielte ihn schriftlich fest. Aber das ist unmöglich, denn Herrmann kontrolliert alles! Obwohl er bis jetzt das Versteck im Dampfentsafter noch nicht gefunden hat. Wenn die Kirschen reif sind, wird sie sich ein neues suchen müssen. Andererseits – wer weiß, was bis dahin passiert ist ... »Mein Dummchen«, sagt er immer, »wenn du mich nicht hättest!«

Es stimmt, Lenchen war ihr Leben lang nicht besonders klug, vor allem nicht, als sie Herrmann vor dreißig Jahren ihr Jawort gab. Sie ist sogar zu dumm, sich ganz allein ein Kleid zu kaufen! Herrmann geht mit, damit sie sich nicht zu Teures aufschwatzen lässt. Auch der Friseur will nur ihr – Pardon! – Herrmanns – Geld. Deshalb trägt sie ihre Haare schlicht zurückgekämmt und hochgesteckt, so wie damals, als sie zu dumm war, nein zu sagen.

Ja, wenn sie Herrmann nicht hätte … Sie würde sich überhaupt nicht zurechtfinden. Wie fürsorglich er ist! Alles tut er für sie! Rackert sich im Büro ab und wird auch zu Hause nie müde, sich um jede Kleinigkeit zu kümmern. Er sagt Lenchen, wann sie die Fenster putzen und was sie wo einkaufen soll, bei welchen Gelegenheiten sie ihren guten Mantel anziehen darf, und dass dunkelblaue Kleidung so ungemein praktisch ist und nie unmodern wird – und und und. Ja, wenn sie Herrmann nicht hätte … Lenchen braucht sich nicht mal zu überlegen, was sie kochen soll! Und wenn er noch so erschöpft ist – Herrmann setzt sich hin, um den wöchentlichen Speiseplan festzulegen. Mit Geld hat Lenchen auch nicht viel zu tun. Am Ersten des Monats erhält sie die exakt kalkulierte Summe für die notwendigen Einkäufe. Natürlich muss sie darüber auf den Cent genau abrechnen, das geht nun mal nicht anders. »Wozu denn Taschengeld?«, sagt Herrmann, »du hast doch alles, was du brauchst!«

Lenchen muss sich beeilen, denn seit einigen Wochen kommt Herrmann immer zum Mittagessen nach Hause. Neuerdings hat er was mit dem Magen, und außerdem spart er so das Geld für die Kantine. Überdies muss Lenchen auch irgendwie beschäftigt werden. Sie hat ja nur das Haus, den großen Garten und den Hund. Das heißt, den nicht mehr. Der starb plötzlich. »Muss wohl Rattengift gefressen haben«, meinte der Tierarzt. Insgeheim ist Lenchen froh darüber, denn sie hatte Angst vor dem grässlichen Vieh. Ständig schien es sie zu beobachten, und zwar so, als ob es sie später bei seinem Herrchen verpetzen wolle. Das niedliche Kätzchen, das eines Morgens so kläglich vor der Terrassentür miaut hatte, warf Herrmann kurzerhand in die Regentonne. »Katzen sind falsch!«, sagt er.

Das mit dem Kätzchen hätte er nun aber wirklich nicht tun dürfen!

Seit jenem Tag spielen Herrmanns Geschmacksnerven verrückt. Er behauptet, alles schmecke irgendwie bitter.

»Liegt das vielleicht an deinen neuen Zähnen?«, erkundigt sich Lenchen.

»Ach, du Dummchen«, sagt Herrmann, »du hast ja mal wieder überhaupt keine Ahnung!«

Lenchen klettert auf den Hocker und greift ohne hinzusehen in den Dampfentsafter, der ganz oben auf dem Küchenschrank steht. Sie angelt die Plastikdose mit dem Aufkleber »Korken« heraus und entnimmt ihr das Fläschchen und die Pipette. Angestrengt überlegt sie: Soll ich bei der gewohnten Anzahl Tropfen bleiben oder …? Auf den Speiseplan hat Herrmann für heute »Chili con Carne, extra scharf!« geschrieben. Vielleicht ist dies ein Fingerzeig des Schicksals? Chili con Carne und das bei seinem angegriffenen Magen! Missbilligend schüttelt sie den Kopf. Aber was sein muss, muss sein. Er selbst hat es so gewollt.

Herrmanns Mittagspause ist recht kurz. Vor allem natürlich, weil er nicht nur essen, sondern auch kontrollieren muss, ob sein Dummchen kein Krümelchen auf dem Teppich und kein Staubkörnchen auf dem Büfett vergessen hat. Damit er keine Zeit verliert, hat er angeordnet, seinen Teller genau in dem Moment zu füllen, in welchem sein Auto den Stellplatz vorm Haus erreicht.

Wie stets wirft Lenchen beim Gang über den Flur einen automatischen Blick in den Garderobenspiegel. Heute wundert sie sich ein wenig über die energisch wirkende Frau, die ihr daraus entgegenblickt. An der Haustür ist sie jedoch schon wieder die Sanftmut in Person und begrüßt ihren Mann mit dem obligaten Kuss. Herrmann achtet streng auf Einhaltung dieses öffentlichen Beweises für eine gute Ehe.

»Freiheit, die ich meine, die mein Herz erfüllt …« Das Lied lernte Lenchen von ihrer Mutter, und immer noch spukt die Melodie in ihrem Kopf herum. Sie muss höllisch aufpassen, sie jetzt nicht wirklich zu singen. Herrmann kann es nicht leiden, wenn sie grundlos vergnügt ist.

Inzwischen mampft er mit gutem Appetit, obwohl er wieder meckert, das Gericht habe einen bitteren Nachgeschmack. Lenchen träumt vor sich hin: Wenn alles überstanden ist, geh ich als Erstes zur Typberatung, lass mir die Haare kurz schneiden, eine schicke Frisur machen und kleide mich von Kopf bis Fuß neu ein … Und dann verreis ich, und zwar ganz weit weg und wohn im teuersten Hotel! Überhaupt tu ich nur noch das, was mir Spaß macht! Niemand darf und niemand wird mir mehr dreinreden!

Sie ist so in Gedanken versunken, dass sie ganz aus Versehen doch noch laut zu singen beginnt. »Freiheit, die ich mei …« Als sie ihre Stimme hört, verstummt sie jäh und hält sich die Hand vor den Mund. Ängstlich schaut sie hinüber zu Herrmann. Merkwürdig – er schimpft ja gar nicht! Zusammengesunken sitzt er da und glotzt sie mit glasigem Blick an.

Nur einen Augenblick braucht Lenchen, bis

sie begreift. Dann erhebt sie sich und geht mit beschwingten kleinen Schritten um den Tisch herum. Zufrieden sieht sie eine Weile hinunter auf den ungewohnt stillen Herrmann, bevor sie sanft aber nachdrücklich die Lider über seine toten Augen schiebt.

»Freiheit, die ich meine, die mein Herz erfüllt …« Hell und klar lässt ihre Stimme den Anfang jenes alten Liedes erklingen. Zu dumm, denkt Lenchen, dass ich nicht weiß, wie es weitergeht!

Vorsicht: Friedhelm!

Natürlich wäre es absurd, nun ausgerechnet Friedhelm als Ellbogenmenschen zu bezeichnen. Damit täte man ihm wirklich bitter unrecht! Und dennoch, allseits geläufige Begriffe wie *Ellbogenfreiheit, Ellbogengesellschaft, seine Ellbogen gebrauchen* und Ähnliches kommen einem sofort in den Sinn, wenn man an Friedhelm denkt.

Dabei ist er im Grunde einer der sanftesten und rücksichtsvollsten Menschen unter der Sonne – jemand, der keiner Menschenseele und erst recht keiner hilflosen Kreatur etwas zuleide tun kann! Jedenfalls nicht absichtlich. Man braucht sich nur die spektakuläre Rettungsaktion ins Gedächtnis zu rufen, über die Print- und Bildmedien seinerzeit ausführlich berichteten. Ja, natürlich war es Friedhelm gewesen, der die tagelange Blockade der Nordsüdautobahn organisierte, nachdem er bei Kilometer 237,5 den geheimen Transportweg roter Waldameisen bemerkt hatte!

Später sollten noch zahlreiche von ihm initiierte Kampagnen folgen, und wenn es irgendwo um Kriechtunnel für spanische Nacktschnecken, Wachen vor Wildkaninchenbauten oder um die dringend gebotene Forderung nach antiautoritärer Erziehung für Polizei- und Blindenhunde ging – ganz sicher hatte auch hier Friedhelm seine Hand im Spiel. Aber trotz dieses verantwortungsbewussten sozialen und ökologischen Engagements sollte es schließlich geradezu lebensgefährlich werden, sich in seine Nähe zu begeben!

Als Heidelinde ihm zum ersten Mal begegnete, war sie sogleich hingerissen von seiner einfühlsamen und sensiblen Art. Also gibt es sie doch noch, stellte sie freudig überrascht fest, diese fast ausgestorbene Gattung rücksichtsvoller Männer! Es war anlässlich einer Demo für den Bestandserhalt der gemeinen Stubenfliege. Friedhelm hatte beobachtet, dass die vom langen Marsch erschöpfte Heidelinde ihr selbst gebasteltes Plakat kaum noch halten konnte. Mitfühlend schlug er daher vor, es ihr für eine Weile abzunehmen. Obwohl sie dieses Angebot selbstverständlich zunächst ablehnen musste, landete das sperrige Schild nach einigem Hin und Her dann doch in seinen Händen.

Heidelindes Nase sollte dabei der erste Teil

ihres Körpers sein, der schmerzliche Bekannt-
schaft mit Friedhelms dynamischem rechtem
Ellbogen machte. Friedhelm, in seinem Bestreben
Gutes zu tun, hatte natürlich überhaupt nicht
bemerkt, dass er selbst Verursacher dieser Bluttat
war und half in ungemein rührender Weise sogleich mit einem sauberen Taschentuch als Notverband aus.

Ausgerechnet diese schlichte Geste beein-
druckte Heidelinde tief. Fortan genoss sie es von
Herzen, wenn er während der nun folgenden
gemeinsamen Spaziergänge seinen Arm galant
unter ihren schob, um sie sicher über die Straße
zu geleiten. Dass er sie dabei regelmäßig und
von ihm nicht registriert, mit dem rechten spitzen Ellbogen qualvoll in die Seite stieß, pflegte
sie sofort nach Abklingen des ersten heftigen
Schmerzes zu vergessen. Machte er diese Unge-
schicklichkeit nicht hundertmal wieder wett
durch sein überaus liebenswertes Wesen? So ließ
er es sich beispielsweise nicht nehmen, in abend-
licher Kühle seinen Anorak fürsorglich um ihre
fröstelnden Schultern zu legen oder sie diskret
um achtlos hingesetzte Hundehaufen herumzu-
dirigieren. Natürlich war auch Heidelinde viel
zu zartfühlend, ihn wissen zu lassen, dass er dabei wieder empfindliche Weichteile ihres Oberkörpers getroffen hatte.

Einmal fragte er sie mit seiner sanften Stimme, warum sie denn nur so häufig plötzlich in Tränen ausbreche? Doch wohl hoffentlich nicht seinetwegen? Gerade drohte ein überraschender Regenschauer hernieder zu prasseln, und Friedhelm hatte aus seiner Brusttasche eine recyclebare Plastiktüte hervorgezaubert, um hieraus einen soliden Kopfschutz für seine Begleiterin zu falten. Voll Eifer hantierte er dabei so rührend umständlich, dass sein ausladender rechter Ellbogen ganz unerwartet in Heidelindes Magen stieß. Hätte sie ihm etwa bei dieser Gelegenheit antworten können: »Ich weine, weil du mir wehtust!«? Außerdem – war denn ihre junge Liebe nicht stark genug, solch schmerzhafte Widrigkeiten in Kauf zu nehmen?

Immerhin versuchte Heidelinde, ihre Reflexe zu trainieren, um durch rechtzeitiges Zurückweichen Friedhelms Ellbogenattacken zu entgehen. Manchmal gelang ihr dies sogar, doch nur allzu häufig war sein spitzer Armknochen um Sekunden schneller.

Wie jedoch nicht anders zu erwarten war, siegte trotz allem die Liebe, und so sah man eines sonnigen Tages die beiden vor dem Traualtar stehen. Die Braut trug ein entzückendes Tüll besetztes Hütchen, von dem künstliche weiße Margeriten anmutig in ihre Stirn fielen. Ein zauberhaftes Bild! Eine große Blüte verdeckte dabei kess ihr linkes Auge. Das war auch gut so, denn eine Braut mit grünlich violett verfärbter Augenpartie böte wirklich einen traurigen Anblick! Übrigens handelte es sich hier um die Folgen eines Unfalls während einer der vorweggenommenen Hochzeitsnächte. Wann genau er passiert war, hatte im Rausch der Sinne nicht einmal Heidelinde wahrgenommen. Erst beim späteren Blick in den Badezimmerspiegel wurde ihr klar: Wieder einmal war der Ellbogen am Werk gewesen!

Doch im Laufe der Zeit gewöhnte sie sich an derartige Unbill, denn hiervon abgesehen war Friedhelm ein wahrhaft idealer Ehemann. Er seinerseits wunderte sich allerdings immer wieder über die vielen grünlich violetten Male am sonst so makellosen Körper seiner Ehefrau. Ihre gellenden spitzen Schreie, die sie in seinem Beisein so häufig und ganz ohne erkennbaren Anlass ausstieß, nahm er hingegen als liebenswerte kleine Marotte nachsichtig hin.

So gingen viele Jahre ins Land, und die These, dass hervorstechende menschliche Eigenarten und Angewohnheiten sich im Alter verstärken, sollte auch auf das absonderliche Gebaren von Friedhelms rechtem Ellbogen zutreffen. Letzterer begann nämlich, die anfangs erwähnten, tatsächlich lebensgefährlichen Aktivitäten zu entwickeln.

Es war während eines Sit-in um ein Feuchtbiotop, das sich in der Baugrube im Bereich einer nahezu fertig gestellten Umgehungsstraße gebildet hatte. Friedhelm kramte gerade in seinem Rucksack nach Pfeifentabak, als es passierte. Diesmal funktionierten Heidelindes Reflexe hervorragend, sodass sie im letzten Moment ausweichen konnte. Dadurch jedoch traf der tückische Ellbogen einen kleinen Jungen, der völlig überrascht und mit einem Ausdruck ungläubigen Staunens den sandigen Abhang hinunterrollte und in den Teich fiel. Tapfer verwarf Friedhelm sofort sämtliche Bedenken hinsichtlich der nun leider unvermeidlich werdenden weiteren Störung des Froschlaichs im schützenswerten Biotop und setzte – hilfsbereit wie immer – zum Rettungssprung an. Gottlob gelang es Heidelinde gerade noch rechtzeitig genug, ihren Mann zurückzuhalten, denn eingedenk seines Ellbogens rechnete sie sich für das Kind keinerlei Überlebenschancen aus. Einer beherzten Frau gelang es dann schließlich, den sich durch wildes Armpaddeln über Wasser haltenden Jungen sicher an Land zu ziehen. – Natürlich vermochte außer Heidelinde sich niemand zu erklären, wie dieser

Zwischenfall überhaupt hatte passieren können.

Die nächste Ellbogenaktivität zog nun aber wirklich schreckliche Folgen nach sich! Friedhelm stand eines Morgens geduldig in der Reihe seiner Umweltfreunde am Straßenrand. Gemeinsam warteten sie auf den Stadtbus, der sie zum Staatsforst bringen sollte, denn dort planten sie eine Aktion gegen die amtlicherseits verfügte Ausrottung des fleißigen Borkenkäfers. Bereitwillig machte Friedhelm einer sich vordrängenden Frau Platz, wobei sein rechter Ellbogen blitzartig zur Seite schnellte. Das Opfer wurde diesmal ein achtundneunzigjähriger Ökofreak, der in geselliger Runde gern Lieder aus dem »Zupfgeigenhansl« zu singen pflegte, wobei er sich routiniert auf der Klampfe begleitete. Dieser Altwandervogel also kippte samt historischem Knotenstock plötzlich und scheinbar ohne äußeren Anlass auf die Fahrbahn! Zum Glück kam der herannahende Bus zwanzig Zentimeter vor dem Liegenden zum Stehen. Gleichwohl war der Greis mausetot. »Ihn wird der Schlag getroffen haben«, meinten die Umstehenden erschüttert. Allerdings war auch hier wiederum nur Heidelinde imstande, diesen Satz in der einzig zutreffenden Weise zu interpretieren.

Voll banger Ahnungen dachte sie nun an die für

die nächste Zeit geplante Demonstration zur Ächtung der Vogelscheuchen. Doch sollte sich durch einen – in gewissem Sinne sogar glücklich zu nennenden – Zufall ihrer beider Leben bald ändern.

An jenem Tag befand Friedhelm sich frohgemut auf dem Weg zur Bank, um die von ihm mühsam gesammelten Spenden auf das Vogelscheuchenkonto einzuzahlen. Das Geld war für ein Gutachten bestimmt, welches alarmierende Laienbeobachtungen über die verheerende Wirkung dieser geschmacklos behängten Holzgestelle auf die sensible Psyche der Saatkrähen wissenschaftlich fundiert untermauern sollte.

Wieso es letztlich zu jenem technischen Defekt hatte kommen können, wurde später nie herausgefunden, und am Ende der Untersuchung sprach man sogar von höherer Gewalt. Jedenfalls: Die sich plötzlich schließende automatische Tür des Bankinstituts erfasste Friedhelms rechten Ellbogen, um ihn sogleich unbarmherzig festzuklemmen. Nur der Aufmerksamkeit entschlossen handelnder Passanten, die in dem Türspalt einen verzweifelt zuckenden menschlichen Arm entdeckt hatten, war es überhaupt zu verdanken, dass unverzüglich der Rettungsdienst alarmiert wurde.

Leider aber erwies sich trotz intensiver ärztlicher Bemühungen der entstandene Schaden als irreparabel. Zwar spürte Friedhelm keinerlei Schmerzen, doch sollte ab jetzt sein rechter Arm kraftlos und für immer neutralisiert herabbaumeln. Erfreulicherweise fand der Leidtragende selbst sich bald mit diesem Zustand ab.

Heidelinde hingegen – irrational, wie Frauen sogar heutzutage gelegentlich noch sein können – gedenkt hin und wieder mit Wehmut alter Zeiten, als dank Friedhelms unberechenbarem Ellbogen das Leben an seiner Seite noch voller Gefahren und dadurch so prickelnd aufregend gewesen war.

Farbenspiele

Die Landtagspräsidentin betätigt die Glocke, um pünktlich die Sitzung einzuläuten. Als dies ohne Wirkung bleibt, greift sie aus alter Gewohnheit zum abgenutzten verstellbaren Metalllineal und klopft damit energisch gegen die Tischkante. Sofort lösen sich die verschiedenen Grüppchen im Saal auf, und die Abgeordneten begeben sich gehorsam auf ihre Plätze. Als das Lineal ein zweites Mal in Aktion tritt, verstummt auch das halblaute Gemurmel. Nur von einem der mittleren Plätze ist noch unbekümmertes Gelächter zu hören, doch auch das bricht schließlich abrupt ab.

»Zur Tagesordnung ...«. Frau Heidrun-Angelika Mümmelmann-Kotschenreuth wirkt bereits recht routiniert, obwohl sie doch heute erst die zweite Sitzung nach ihrem Amtsantritt leitet. Zur neuen Landtagspräsidentin war sie bekanntlich mit komfortabler Mehrheit gewählt worden, und zwar nicht nur von ihren eigenen Leuten, sondern auch von politischen Gegnern. Denn seit Jahren besitzt sie allerorten einen unangefochten guten Ruf. Sie wird geschätzt für straffe Verhandlungsführung, energische Durchsetzungskraft und gutes Urteilsvermögen. Und da sie sich nur gemäßigt feministisch gibt, ist sie auch für konservativ denkende Männer durchaus tragbar. Wie sie durchblicken ließ, hat sie sich den Doppelnamen nicht etwa aus modisch ideologischen Gründen zugelegt, sondern weil hierzulande andere – leider auch etwas degenerierte – Mümmelmann-Linien vorkommen und sie etwaige Verwechslungen vermeiden möchte.

Mit leichtem Unbehagen blickt Frau Landtagspräsidentin Mümmelmann-Kotschenreuth auf den unübersichtlichen Haufen unterhalb ihres Pults. Von hier oben stellt sich vieles doch anders dar, als vom Plenum her gesehen. Zwar weiß sie aus ihrer jahrelangen Erfahrung als Abgeordnete, dass im Parlament die Linken rechts sitzen und die Rechten links – daran gibt's überhaupt nichts zu rütteln. Doch von ihrem neuen Standpunkt aus betrachtet, verkehrt sich dies zwangsläufig ins Gegenteil: Plötzlich sitzen die Linken tatsächlich links und die Rechten rechts! Das erfordert ein völliges räumliches Umdenken. Und dies fällt ihr fast so schwer wie zum Beispiel das lästige Rückwärtseinparken mit dem Auto.

Daher ist eine ihrer ersten anerkennenswerten Taten – unterstützt vom wissenschaftlichen

Dienst des Landtags – die Erarbeitung einer Kleiderordnung, die die parlamentarische Arbeit transparenter und somit im besten Sinne demokratischer gestalten wird. Nebenbei verspricht sie sich hiervon natürlich auch die Lösung ihres ganz speziellen Rechtslinksproblems.

Heute nun findet die erste Lesung dieser ihr so sehr am Herzen liegenden Reform statt, und in Erwartung eines langen Vormittags lehnt sie sich entspannt zurück:

»Wir beginnen mit der Aussprache. Als Erster hat sich der Herr Abgeordnete Schmontz zu Wort gemeldet ...«

Selbstverständlich ist Albert Schmontz Feuer und Flamme für die Neuerung – wie überhaupt für alles, was Heidrun-Angelika Mümmelmann-Kotschenreuth tut oder lässt.

»Wir in unserem schönen Land«, ruft er mit seiner volltönenden Stimme, »wollen die Ersten sein, die ihre politische Gesinnung freudigen Herzens freimütig und offen zu Markte tragen. Wer lauteren Gemüts für seine Überzeugung ficht und unermüdlich dafür einzustehen sich anheischig macht, kann diesem Epoche machenden Schritt nur zustimmen! Wieder einmal wird unser Land auf dem unaufhaltsamen Weg des Fortschritts mutig voranreiten! Ich für mein Teil werde voller Stolz mein leuchtend rotes Wams anlegen, und ich bin der festen und unerschütterlichen Überzeugung: Neben meinen geschätzten Parteifreundinnen und -freunden hegen alle Angehörigen dieses Hohen Hauses in der Tiefe ihrer Seele ähnliche Gefühle!«

Es wurde schon angedeutet, dass Albert Schmontz Frau Heidrun-Angelika Mümmelmann-Kotschenreuth geradezu glühend verehrt, und dies seit vielen Jahren. Genauer, seit sie ihn als blutjunge Lehrerin unterrichtete und noch schlicht Fräulein Mümmelmann hieß und von den Schülern zärtlich »Häschen« genannt wurde. War sie es doch, die ihm stets eine Eins im deutschen Aufsatz bescheinigte, was ihm seither Herausforderung und Ansporn zugleich für eine poetisch gehobene Ausdrucksweise geworden ist.

Wie von ihm vorausgesagt, stimmen nicht nur seine Fraktionskolleginnen und -kollegen der Kleiderordnung zu, sondern auch die meisten der anderen Parteien. Eine grüne Abgeordnete stellt allerdings noch die Bedingung, die Jacken müssten aus reinen Naturfasern bestehen und allergiegetestet sein. Außerdem sollten in genügender Anzahl Extraanfertigungen für schwangere und stillende Kolleginnen vorrätig gehalten werden.

Als dann nach einigen Wochen die Landtagspräsidentin die nächste Sitzung eröffnet, darf sie bereits wohlgefällig in die Runde schauen: Farblich sortiert, auf einen Blick einzuordnen und abzugrenzen zeigen sich dort unten die verschieden großen Blöcke der Grün-, Rot-, Gelb- und Schwarzjäckler. Ja, so macht die Arbeit Spaß! Obwohl der Kontrast zwischen Gelb und Schwarz natürlich etwas hart wirkt, und Rot und Grün nebeneinander bei farbschwachen Präsidentinnen/Präsidenten möglicherweise Irritationen hervorrufen könnte.

Nichts ist perfekt, denkt Frau Mümmelmann-Kotschenreuth. Immerhin – ein Anfang wurde gemacht! Über kurz oder lang sollte man aber auf jeden Fall die vorgesehene Vervollständigung in Angriff nehmen. Mit den Worten:

»Ich unterbreche die Sitzung für die Dauer der Mittagspause!«, steht sie nach einigen Stunden angestrengter Arbeit von ihrem harten Stuhl auf.

Sofort schwillt der Lärmpegel im Saal bis zur Unerträglichkeit an und erreicht geradezu Schulklassenlautstärke, so dass die Präsidentin wiederum das Lineal bemühen muss:

»Und dass mir niemand hier drinnen bleibt! Alle raus an die frische Luft!«

Aufmunternd klatscht sie dabei kräftig in die

Hände. (Auch nach so vielen Jahren als Politikerin will es ihr immer noch nicht ganz gelingen,
Angewohnheiten aus dem erlernten Beruf zu
unterdrücken).

Inzwischen stürmt die bunte Meute in Richtung der Ausgänge. Einige Grüne reißen sich
schon im Gehen hastig ihre Jacken vom Leib,
denn mit den dicken, selbst gestrickten Wollwes-
ten darunter ist ihnen doch recht warm geworden.

Niedergeschlagen wendet sich Frau Pieske an
die Abgeordnete Fromm-Heide, ihre Nachbarin
von der anderen Couleur:

»Schwarz steht mir überhaupt nicht! Es macht
mich so schrecklich blass und mindestens zehn
Jahre älter! Wie ich Sie um Ihre rote Jacke benei-
de!«

»Vielleicht sollten Sie generell mal einen
Farbwechsel in Erwägung ziehen, Frau Kollegin?«, gibt Frau Fromm-Heide nicht ganz unei-
gennützig zu bedenken. »Täusche ich mich oder
fühlen Sie im Grunde Ihres Herzens nicht schon
seit langem rotjäcklerisch?«

Nach der Mittagspause bietet sich dem zufriedenen Auge der Präsidentin wiederum das schöne
Spektrum politischer Überzeugungen. Dennoch
– irgendetwas stimmt nicht! Missbilligend blickt

sie nach unten:

»Herr Abgeordneter, Sie sitzen verkehrt!« Dabei deutet ihr ausgestreckter rechter Zeigefinger auf den bunten Fremdkörper im schwarzen Block. »Ja, ja, genau Sie sind gemeint!«

Arnulf Liebefreund guckt an sich herunter und danach sofort zu Ingelore Blaue, die mit hochrotem Kopf und schwarzer Jacke vergeblich versucht, sich in dem Häuflein ihrer grünen Freunde zu verstecken.

Dabei hatte Arnulf der blonden Kollegin wirklich nur die sehenswerte Briefmarkensammlung in seiner Stadtwohnung zeigen wollen! Plötzlich aber wurden dort beide von einer unerklärlichen Müdigkeit befallen, so dass sie gezwungen waren, ein kleines Nickerchen einzulegen. Und als sie dann schließlich aufwachten, wurde es allerhöchste Zeit, sich wieder in den Landtag zu begeben. Daher musste das Ankleiden in Windeseile vor sich gehen. In diesem hektischen Moment wird es dann wohl passiert sein!

So bleibt Liebefreund jetzt nichts anderes übrig, als sich unter schadenfrohem Gelächter hastig des verräterischen Kleidungsstücks zu entledigen und es anschließend – von hämischem Beifall angefeuert – der rechtmäßigen Trägerin zurückzubringen und sein eigenes an sich zu nehmen.

Seither ist Arnulf Liebefreund seinen Fraktionskollegen im höchsten Grade suspekt und wird vorsichtshalber in keinen wichtigen Ausschuss mehr gewählt. Um überhaupt noch irgendwo mitzumischen, bleibt ihm in seiner Verzweiflung nur, sich vertretungsweise als Kantinenobmann zur Verfügung zu stellen.

Über Ingelore schwebt sogar ein Antrag auf Parteiausschluss!

»Sich mit einem Schwarzen einzulassen«, ruft Rainer entrüstet aus, ausgerechnet er, der sonst doch stets für die freie Liebe und offene Ehe einzutreten pflegt, »so etwas kann von uns einfach nicht hingenommen werden!«

Womit sich wieder einmal bestätigt, wie weit Theorie und Praxis auseinanderklaffen können.

Zum Glück schmettern seine Fraktionskolleginnen diesen Antrag, der eine Ekel erregende Chauvigesinnung verrät, aufs Äußerste empört ab. Aus pädagogischen Gründen verdonnern sie Rainer außerdem noch zu zweimaligem Nachsitzen in einer Männerselbsterfahrungsgruppe.

Wie nicht anders zu erwarten, stürzen sich bald in- und ausländische Presse, Rundfunk und Fernsehen mit geradezu kulinarischem Vergnügen auf die ungewohnt schönen bunten Bilder aus dem Landtag und sorgen damit weltweit für kostenlose Werbung zugunsten der gesamten Region. Dies wiederum gibt Frau Heidrun-Angelika Mümmelmann-Kotschenreuth solch ungeheuren Auftrieb, dass sie mit sofortiger Wirkung die fällige Komplettierung des Abgeordneten-Outfits einführt. Hierfür benötigt sie nicht einmal eine Aussprache im Landtag, denn der fraktionseinheitliche Kopfbedeckungszwang wurde bereits im Kleingedruckten der mit Mehrheit angenommenen Kleiderordnung geregelt. Erfreulicherweise handelt es sich in diesem Fall um distinguierte, sehr adrette Zipfelmützen.

Erst jetzt beginnen wahre Touristenströme in das bisher eher stille Ländchen zu fließen, denn erklärtes Ziel vieler Menschen ist es, einmal *live* bei einer jener farbenprächtigen Sitzungen dabei zu sein. So sieht die Landtagsverwaltung sich inzwischen gezwungen, Einlasskarten auszugeben und sogar Entgelte zu erheben. Letztere sollen zunächst dem Finanzministerium, später jedoch wohltätigen Zwecken zugeführt werden, denn wie man hört, mehren sich bereits Rufe Not leidender Abgeordneter nach Aufbesserung ihrer kargen Diäten.

Letzteres interessiert indessen die wenigen Glücklichen kaum, die einen der begehrten Zuschauerplätze ergattert haben. Sie verfolgen vielmehr voller Spannung farbige Beratungen über den Ausbau von Landstraßen vierter Ordnung, Umwidmung von fruchtbarem Acker- in Ödland oder erbitterte Palaver über Geschäftsordnungsfragen. Verständlicherweise sind jene Debatten besonders beliebt, in denen beim leidenschaftlich erregten Argumentieren den Abgeordneten die Mützenzipfel samt Bommel in geradezu gefährlicher Weise um die Ohren fliegen! Auch warten die Zuschauer auf der Galerie jedes Mal ungeduldig darauf, dass eine Fraktion eine andere beleidigt. Denn immer wieder atemberaubend anzusehen ist es, wenn eine Horde Schwarzer, Roter, Gelber oder Grüner geschlossen und vor Empörung wild die bemützten Köpfe schüttelnd aus dem Saal marschiert.

Natürlich bleibt es nicht aus, dass der Name Mümmelmann-Kotschenreuth mittlerweile in aller Munde ist. Dafür sorgen schon die Journalisten der Yellow Press, erscheint ihnen diese Politikerin doch wie ein Geschenk des Himmels: Allein durch vollständige Nennung ihres Titels mit Vor- und Zunamen füllt sie bereits drei Zeilen einer Zeitschriftenspalte und verleiht somit einer fünfzehnzeiligen Meldung den angestrebten, bisher allerdings branchenunüblichen Wahrheitsgehalt von immerhin satten zwanzig Prozent!

Man kann verstehen, dass der ganze Publicity-Rummel Heidrun-Angelika manchmal ziemlich auf die Nerven geht. Dauernd fühlt sie sich im Dienst – selbst im privatesten Bereich! Auch schläft sie in letzter Zeit schlecht und träumt die verrücktesten Sachen. Zum Beispiel, sie sei Schneewittchen und läge in einem gläsernen Sarg. Oder jemand habe über Nacht im Treppenhaus des Landtags heimlich Erbsen gestreut, um die Abgeordneten zum Straucheln zu bringen. Merkwürdigerweise muss sie häufig auch an ihre Kindheit in einer so genannten Zwergschule denken.

Wenn sie es sich genau überlegt, begann dies alles mit jener Sitzung, in welcher der gute Albert Schmontz mal wieder so poetisch und deshalb absolut überzeugend seine politische Meinung verteidigte. Gerade hatte sie ihn gefragt:

»Sind Sie bereit, auf den Zwischenruf des Abgeordneten Störenberg einzugehen?«

Das nun folgende Bild hatte sich ihr tief eingeprägt: Albert drehte sich halb zu ihr um, während er immer noch mit beiden Händen die seitlichen Kanten des Rednerpults umklammerte. Über seine auf die Nasenspitze gerutschte Lesebrille blickte er zu ihr auf, das in gutmütige Falten gelegte Gesicht mit dem früh ergrauten Backenbart war vor Aufregung leicht gerötet, und die Zipfelmütze gab den vollen, lockigen Haaransatz frei ... Da! Genau in diesem Moment widerfuhr ihr ein Déjà-vu-Erlebnis! Aber wo nur und wann war sie dieser Erscheinung schon einmal begegnet?

Wenig später begibt sie sich – wozu leider viel zu selten Zeit bleibt – in ihr Heimatdorf zum Besuch ihrer alten Mutter. Soeben hat sie das Auto umständlich vorwärts eingeparkt, um dann durch den gepflegten kleinen Vorgarten ihres Elternhauses zu gehen, als sie plötzlich wie angewurzelt innehält. Das ist doch nicht möglich: Über seine auf die Nasenspitze gerutschte Brille blickt er zu ihr auf, das in gutmütige Falten gelegte Gesicht mit dem früh ergrauten Backenbart ist leicht gerötet und die Zipfelmütze gibt den vollen, lockigen Haaransatz frei ... Es ist Albert Schmontz, wie er leibt und lebt, der dort auf fünfundzwanzig Zentimeter geschrumpft zierlich zwischen Tulpen und Narzissen steht! Zwar ist es nicht das Rednerpult, das er mit beiden Händen umklammert, sondern hier sind es die Griffe einer allerliebsten roten Schubkarre!

Seither leidet Frau Landtagspräsidentin Heidrun-Angelika Mümmelmann-Kotschenreuth immer häufiger unter wahnähnlichen Vorstellungen. Überall glaubt sie, Zwerge, Wichtelmännchen, Kobolde, Gnomen oder Trolle zu erblicken! Nur mit Müh und Not gelingt es ihr, weiterhin ihres hohen Amtes zu walten.

Fragwürdig wird dies dann allerdings doch, als sie eines Tages versucht, die Kleiderordnung in der Weise zu vervollständigen, dass sie den Abgeordneten farblich passende, bei besonderen Anlässen zu tragende Laternen vorschreibt. Nicht nur dies zeigt, dass sie offenbar das Maß aller Dinge verloren hat! Zu denken gibt auch folgende Bemerkung, mit der sie den anschließenden Tumult im Landtag kurzerhand vom Tisch wischen will:

»Meine Damen und Herren, veranstalten Sie hier doch bitte keinen Zwergenaufstand!«

Besonders die letzte Vokabel erweist sich als nicht wieder gutzumachender Fehler, der zu schlimmen Überreaktionen im hohen Hause führt. Tragischerweise muss es nun ausgerechnet Albert Schmontz sein, der in seinem Innersten zutiefst verletzt als Erster die Zipfelmütze vom Kopf reißt und sich verbittert aus seinem roten Wams schält! Das gesamte Parlament tut es ihm nach, und ob Schwarz, Gelb, Rot oder Grün – überall sieht man fortgeschleuderte Mützen mit dem Bommel voran durch den Saal fliegen und Abgeordnete wütend auf ihren Jacken herumtrampeln.

Zum Glück besitzt Heidrun-Angelika gerade

noch so viel Vernunftreste, auf wohlmeinende Berater zu hören und ihren sofortigen Rücktritt zu erklären. Aus gesundheitlichen Gründen, versteht sich.

Einige Zeit ist nun seit damals ins Land gegangen. Inzwischen hat der graue Alltag das Parlament zurückerobert und nichts erinnert mehr an die vergangene Farbenpracht. Nur wenn Ingelore Blaue ihren grünen, einer umgedrehten Zipfelmütze nicht unähnlichen Beutel am Arm schlenkert, bedecken einige sentimentale Kollegen im Gedenken an leuchtendere Tage zu Tränen gerührt ihre Augen. Ingelore pflegt in jenem praktischen Behälter ihr unvermeidliches Strickzeug zu transportieren. Zurzeit arbeitet sie übrigens an einem entzückenden grünschwarz gepunkteten Jäckchen für ihr Baby.

Frau Heidrun-Angelika Mümmelmann-Kotschenreuth hat sich unterdessen vollständig aus dem öffentlichen Leben zurückgezogen und wohnt wieder bei ihrer alten Mutter im Haus ihrer Kindheit. Reporter der Yellow Press wollen entdeckt haben, dass sie jetzt einer Zwergschule vorsteht. Der entsprechende Bericht rankt sich um ein etwas unscharfes, offenbar mit Teleobjektiv geschossenes Foto, auf dem ein mit zierlichen

Tischchen und Bänkchen eingerichteter Raum zu erkennen ist. Dem sensiblen Betrachter wird natürlich sofort klar, dass es sich hier nicht um eine gewöhnliche Dorf-, sondern im wahrsten Sinne des Wortes um eine *Zwergen*-Schule handelt. Kann man dort doch jene allerliebsten Figuren, die normalerweise gepflegten Gärten eine anheimelnde Note verleihen, artig auf ihren Plätzen hocken sehen. Unbeweglich vor gespannter Aufmerksamkeit scheinen sie ihrer Lehrerin zu lauschen. Im Vergleich zu diesen Gestalten wirkt Frau Heidrun-Angelika hinter ihrem Pult riesengroß und entsprechend bedeutend. Erwähnenswert wäre vielleicht noch, dass sie einen länglichen, einem Lineal ähnlichen Gegenstand in der Hand hält.

Der erklärende Text unter dem Bild lautet:

»Frau Landtagspräsidentin im Ruhestand Heidrun-Angelika Mümmelmann-Kotschenreuth erweckt einen äußerst zufriedenen und nahezu glücklichen Eindruck!«

159

Eine ganz besondere Familie

Auf den ersten Blick scheint es sich bei den Dobersteins um eine ganz normale Familie zu handeln, die aus Vater, Mutter und zwei halbwüchsigen Kindern besteht. Tatsächlich unterscheiden die vier sich von anderen aber nicht nur dadurch, dass jeder von ihnen gleichberechtigtes Mitglied der familieneigenen Spielzeugfirma ist, sondern auch, dass alle stets zufrieden sind und nett miteinander umgehen.

So hat Sohn Ottfried merkwürdigerweise noch niemals die Neigung verspürt, seinen Vater umzubringen oder ihn doch zumindest bei jeder Gelegenheit besserwisserisch niederzumachen. Und Tochter Erdmute möchte – das Folgende gibt nun wirklich sehr zu denken! – einmal ganz genauso werden wie ihre Mutter. Auch reden die beiden Sprösslinge nie im weit verbreiteten Jugendjargon miteinander, indem sie etwa sagen: »Verpiss dich, du widerlicher Kotzbrocken!« oder »Wenn du nicht spurst, stopf ich dir dein stinkiges Maul, du Arsch!« Auch das beliebte Wort »Scheiße« kommt keinem jemals über die

Lippen. Bevor man sich hierüber aber allzu sehr beunruhigt, soll berichtet werden, dass für diese Familie zum Beispiel das Fernsehen nur ein theoretisch bekannter Begriff ist. Zudem sind alle ständig so mit ihrer Firma beschäftigt, dass sie selten mit anderen Zeitgenossen zusammentreffen. Man könnte also fast sagen: Sie leben in ihrer eigenen heilen Welt.

Fabrikationsstätte ihres Betriebs ist die Küche, wo zurzeit auf Hochtouren die Herstellung der so beliebt gewordenen Dinosaurierfiguren läuft. Sohn Ottfried hat sich übrigens bei deren Herstellung ganz besondere Verdienste erworben. Er verfügt nämlich über einen extrem gelenkigen rechten Mittelfinger, der inzwischen geradezu unentbehrlich geworden ist für knifflige Arbeiten, wie zum Beispiel das Zähneeinsetzen beim Tyrannosaurier. Natürlich kann Mutter Doberstein nicht umhin, ein über das andere Mal ihrem Mann stolz zuzurufen:

»Guck mal, Vati! Ist er nicht geschickt?«

Aber eigentlich ist diese Geschicklichkeit gar nicht Ottfrieds Verdienst, denn den begabten rechten Mittelfinger hat er ohne sein Zutun vom Opa väterlicherseits geerbt. Geistig ist Ottfried leider nicht ganz so beweglich, kann er sich doch einfach nicht die Namen der verschiedenen Dinos merken.

Anders dagegen seine Schwester Erdmute. Wenn sie mit den Bezeichnungen Segnosaurier, Scelidosaurier, Stegosaurier, Anatosaurier, Triceratops, Pachycephalosaurier, Parasaurolophus oder Pterosaurier jongliert, kann auch Vater Doberstein nicht umhin, ein über das andere Mal seiner Frau stolz zuzurufen:

»Hör mal, Mutti! Ist sie nicht klug?«

Doch eine noch so heile Welt bleibt auf Dauer selten völlig unversehrt. Auch in diesem Fall nimmt das Verhängnis seinen Lauf. Und zwar geschieht dies in einer Sonntagnacht während der wegen des Dino-Booms erforderlich gewordenen freiwilligen Extraschicht. Wie immer sitzen die vier Leutchen einträchtig am Küchentisch und erledigen die speziellen Handgriffe, die nun einmal bei der Produktion solch komplizierter Figuren nötig sind. Wie üblich singen sie dabei voll Inbrunst und Harmonie ein altes Volkslied nach dem anderen. (Hier muss eingefügt werden, dass Erdmute sich im Nachhinein zu erinnern glaubt, wiederholt ein piepsiges Stimmchen vernommen zu haben, das verzweifelt »Aufhören! Aufhören!« rief.) Gerade singen sie zum dritten Mal »Es tanzt ein Bi-ba-butzemann in unserm Haus herum, dideldum!«, wozu Ottfried aus vollem Hals eine kunstvolle freie zweite

162

Stimme schmettert. Geschickt befestigt er währenddessen mit Hilfe seines rechten Mittelfingers den letzten Backenzahn im Rachen eines Tyrannosauriers.

Genau in diesem Moment und ohne jede Vorwarnung klappt der Dino sein Maul plötzlich zu! Familie Doberstein ist starr vor Schreck! Ottfried zieht sofort mit aller Kraft und dem Erfolg, dass er seine Hand zwar aus dem Raubtiergebiss befreien kann, jedoch ohne das von Opa geerbte kostbare Werkzeug. Leider hilft es ihm überhaupt nicht, dass das Untier unmittelbar darauf schrecklich zu würgen beginnt, um das Ding unzerkaut wieder auszuspucken.

Das alles passiert innerhalb weniger Sekunden, und läge jetzt nicht das ehemals so gelenkige Erbstück auf dem Küchentisch, könnte man die ganze Angelegenheit für eine Halluzination halten. Als Erste hat das kluge Erdmutchen sich wieder gefasst. Entschlossen greift sie in die Hausapotheke, um dann Ottfrieds nunmehr vierfingrige Hand mit einem Notverband zu versehen. Zum Glück hat Ottfried aber auch von der Oma mütterlicherseits noch etwas geerbt, nämlich eine beneidenswerte Schmerzunempfindlichkeit. Getrost kann daher das Bild eines sich vor unsäglicher Pein krümmenden Menschen beiseitegeschoben werden.

Nach diesem Vorfall beschließen die Firmeninhaber in gewohnter Einstimmigkeit, ab sofort die gefährliche Dino-Produktion einzustellen. Doch was nun? Grübelnd lässt Vater Doberstein seine Blicke über das hinter den Glasscheiben des altmodischen Küchenschranks untergebrachte Firmenmuseum wandern. Sollen sie als friedliebende Menschen etwa die martialische Tradition der Bleisoldatenherstellung wieder aufleben lassen? Prototypen hierfür befänden sich jedenfalls genügend im Schrank: Angefangen bei geharnischten Rittern, Landsknechten über Poilus, Tommys und kurzhosige Kolonialsoldaten mit Reitgerte bis hin zu kaisertreuen, Pickelhauben verzierten Musketier. Aus jüngerer Zeit sind wegen der auf dem Spielzeugsektor besonders gründlich durchgeführten Entnazifizierung allerdings nur noch ein paar Deutsche Schäferhunde übrig geblieben. Doch gerade die bringen Vater Doberstein auf eine Idee:

»Vielleicht sollten wir Tiere für den ›Kleinen Bauernhof‹ oder für den Spielzeug-Zoo herstellen?«, fragt er seine Mitinhaber hoffnungsvoll.

»Viel zu knifflig, lieber Vati«, gibt Erdmutchen zu bedenken, »denn ohne des lieben Ottfrieds geschickten Mittelfinger sind wir doch praktisch aufgeschmissen!«

Der liebe Ottfried vertreibt sich derweil die

Zeit mit dem Lösen von Kreuzworträtseln, was seinen trägen Geist wohltuend trainiert. Doch einmal kommt er hierbei absolut nicht weiter – trotz aller intellektuellen Fortschritte –, und zwar, als nach einem ausgestorbenen Vogel mit drei Buchstaben gefragt wird. Entgegen seiner Kreuzworträtsellöser-Ehre sieht er sich sogar gezwungen, das mehrbändige Nachschlagewerk zu bemühen. Die Antwort findet er auf Seite 2254: »MOA, ausgestorbener Vogel, Höhe bis zu knapp 5 m, Vorkommen bis zum Jahre 1650 in Neuseeland, gehörte zur flügellosen Spezies.« Abgebildet ist ein gefiedertes Tier mit Giraffenhals.

»I've got it!«, jubelt Doberstein junior, der seit Kurzem überraschend erfolgreich auch noch an einem Englisch-Fernkurs teilnimmt. »Wir starten eine Moa-Produktion, und so drollig, wie diese flügellosen Vögel aussehen, werden sie die Dinos an Popularität glatt noch übertrumpfen. – Und außerdem«, fügt er ein wenig düster hinzu, »besitzen sie keine Zähne.«

Tatsächlich erweisen sich die Moas als Rettung für die Familienfirma, denn die plumpen Tiere mit ihrem rührend dümmlichen Gesichtsausdruck schlagen ein wie sonst was!

Verständlicherweise arbeitet Ottfried seit jenem folgenschweren Zwischenfall nicht mehr direkt in der Produktion, sondern konzentriert sich ausschließlich auf das Texten von Werbebroschüren für die Moafiguren. Sogar auf Englisch!

»Und wenn ein gewisser Robert Schumann«, verkündet er tapfer, »freiwillig mit hochgebundenem Finger sein Klavierspiel trainiert hat, wird Ottfried Doberstein doch wohl noch imstande sein, seinen Computer mit nur neun Fingern zu bedienen!«

So hat sich schließlich alles wieder zum Guten gewendet. Und wenn Sie, liebe Leser/innen, bei Ihrem abendlichen Spaziergang um den Block zufällig durch ein fremdes Küchenfenster beobachten sollten, wie dort zur besten Fernsehzeit eine Familie in geradezu anachronistisch einträchtiger Weise beieinander sitzt, handelt es sich hier wahrscheinlich um die Moa produzierenden Dobersteins. Ziemlich sicher können Sie natürlich erst sein, wenn Sie vierstimmigen Gesang durch das auf Kipp stehende Fenster dringen hören. Letzte Gewissheit verschaffen dürfte Ihnen dann jedoch das Lied »Wenn ich ein Vöglein wär und auch zwei Flügel hätt ...«

Fahrt ins Grüne

Käthchen, hast du auch alles dabei?« Wie gewohnt kontrolliert Elfriede ihre Freundin. »Taschentuch, Brille, Herzspray?«

Käthchen guckt nochmals in ihre Handtasche und nickt dann bestätigend. Es stimmt schon, dass sie in letzter Zeit etwas vergesslich geworden ist. Aber nur, weil heute ihr Neunzigster ist, braucht Elfriede mit ihren knackigen Fünfundachtzig sie nun wirklich nicht wie eine trottelige Alte zu behandeln!

Jetzt kommt Rossemarie herangerollt. Es ist ein Uhr mittags, in der Pflegeabteilung schlafen alle, und auch die übrigen Bewohner des Hauses machen ein Nickerchen. Der Heimleiter brütet in seinem Büro über den Abrechnungen, und die Altenpflegerinnen haben sich für ein Weilchen in den Garten verdrückt. Das tun sie immer um diese Zeit, und zwar bei jedem Wetter. Denn hier steht der verrostete Marmeladeneimer, in den sie die Asche ihrer verstohlen gerauchten Zigaretten schnippen und anschließend die Kippen entsorgen. Natürlich war es die pfiffige Elfriede, die dies alles ausgekundschaftet und für genau einen dieser Momente das Taxi zur Telefonzelle neben dem Heim bestellt hatte.

Tatsächlich erscheint das Auto und sogar pünktlich auf die Minute.

»Ach, du Schreck!«, ruft Rosemarie, als sie den schwarzhaarigen Chauffeur entdeckt. »Ein Ausländer! Hoffentlich versteht der uns überhaupt!«

Sie ist die Jüngste unter den drei Freundinnen, aber leider auch die klapprigste. Käthchen dagegen sieht mit ihren runden Formen trotz eines Herzfehlers direkt blühend aus, besonders heute in ihrem neuen Trachtenkostüm. Sie ist sogar noch recht beweglich und klettert daher als Erste in den Wagen. Bei Rosemarie dauert dies natürlich etwas länger. Doch mit tatkräftiger Hilfe des Ausländers gelingt es schließlich auch ihr, sich auf dem Beifahrersitz zu etablieren. Ungeduldig wartet derweil die energische Elfriede in ihrem feschen Hosenanzug auf die Verladung des zusammengeklappten Rollstuhls.

»Und wohin soll's gehen, Ladys?«, fragt der Fahrer gut gelaunt, nachdem er höchstpersönlich alle drei festgeschnallt hat, denn trotz eifriger Bemühungen ist es seinen Fahrgästen nicht gelungen, die Sicherheitsgurte in die passenden

Verschlüsse zu stecken. Elfriede wird allerdings später ihren Freundinnen gestehen, sie habe sich nur deshalb so ungeschickt angestellt, weil sie endlich einmal wieder erleben wollte, wie sich ein Mann – Ausländer hin oder her! – über sie beugt. Und dies hatte sich sogar mehr als gelohnt. Denn sie erhaschte nicht nur einen Dufthauch seines Rasierwassers – auch ein Härchen seines buschigen Schnurrbarts streifte flüchtig ihr Gesicht.

»Ins Grüne, Holsteinische Schweiz, Richtung Eutin«, gibt sie jetzt ihre Anweisung nach vorn.

Abdul Mogharei startet den Wagen und wirft einen diskreten Blick nach rechts. Seine Beifahrerin sitzt zusammengesunken auf ihrem Platz und wirkt dadurch irgendwie geschrumpft. Aufmerksam registriert er ihre blank geputzten Schuhe mit den zur Schleife mit Doppelknoten gebundenen Schnürsenkeln und das adrette schwarzweiße Kleid unter dem offenen Sommermantel. Ihr linkes Handgelenk ziert eine kleine goldene Uhr und den rechten Ringfinger ein doppelter Witwenring. Gepflegt sieht die Dame zwar aus, aber ausgesprochen wohlhabend nun gerade nicht, und wenn er von ihr auf die andern beiden schließen darf … Er zögert kurz, bevor er zu bedenken gibt:

»Das wird aber nicht ganz billig!«

»Geld spielt keine Rolle!«, kontert Elfriede vom Rücksitz und fügt nach einer kleinen Pause hinzu: »Jedenfalls heute nicht.«

In der Einschätzung seiner Passagiere fühlt Abdul sich immer noch etwas unsicher, obwohl er bereits vor mehr als dreißig Jahren seine persische Heimat verlassen hatte, um in Deutschland Medizin zu studieren. Danach ist er hier hängen geblieben und dann statt Arzt Taxifahrer geworden. Kismet! Etwas ungewöhnlich findet er diese Fuhre auf jeden Fall, denn normalerweise unternehmen Altenheimbewohner keine so weiten privaten Vergnügungsfahrten.

Im Rückspiegel mustert er jetzt auch die andern beiden alten Damen, die offensichtlich extra für diesen Ausflug beim Friseur gewesen sind. Die Wortführerin hat sogar reichlich Rouge auf ihren Wangen verteilt und Lippen und Augenbrauen nachgezogen. Aber trotz dieser kosmetischen Bemühungen und einer zur Schau getragenen Munterkeit wirkt sie etwas angespannt. Ihre Nachbarin dagegen sieht mit glücklichem Ausdruck aus dem Fenster.

»Oh, Elfriede«, jubelt sie, »das ist wirklich mein schönstes Geburtstagsgeschenk! Wie bist du nur auf diese grandiose Idee gekommen? Ich bin ja so glücklich!«

»Ich bin ja heut so glücklich«, beginnt Rosemarie mit zittriger Singstimme, worauf die andern sofort einfallen »... so glücklich, so glücklich wie noch nie, ich bin ja heut so glücklich ...«

Abdul, der bei Rosemaries erstem piepsigen Ton erschreckt zusammengezuckt war, lächelt inzwischen zufrieden vor sich hin: Das kann ja amüsant werden! Ist doch mal was anderes als die üblichen hektischen Fahrten vom und zum Bahnhof, Flughafen oder zu einer der städtischen Kliniken! Und verspricht dazu eine fette Einnahme!

Für Käthchen bleibt es übrigens ein Rätsel, wieso Elfriede dieses Unternehmen eigentlich finanzieren kann. Sie hat deshalb sogar bei Rosemarie nachgefragt und dabei alle möglichen Quellen in Erwägung gezogen:

»Vielleicht haben ihre Töchter oder Söhne ihr etwas extra spendiert?«

»Gott erhalt dir deinen Glauben an die Menschheit!«, lautete Rosis entschiedene Antwort. »Geld von den Kindern? Nie und nimmer! Des Rätsels Lösung kann nur ein schwarzes Konto sein.«

An diesem sonnigen Maitag strebt alle Welt hinaus ins Grüne. Daher braucht es seine Zeit, bis das Taxi die stadtauswärts führende Straße erreicht. Während vorn Rosemarie immer noch trällert, sie sei ja so glücklich, so glücklich, erörtern hinter ihr Elfriede und Käthchen die Fahrtroute.

»Also, junger Mann«, meldet Elfriede sich nach einer Weile, »fahren Sie bitte nur auf Nebenstraßen, und wenn wir ›Stopp‹ sagen, halten Sie bitte sofort an! Und«, fügt sie hinzu, »immer schön langsam voran!« Noch etwas ist ihr eingefallen: »Biegen Sie in den ersten großen Wald ein, an dem wir vorbeikommen!«

»Zu Ihren Diensten, meine Damen!«

Nebenstraßen? Wald? Das sind recht vage Angaben. Vorsichtshalber fragt er noch einmal nach:

»Ginge es nicht vielleicht doch ein wenig präziser?«

»Aber Elfriede«, schmollt Käthchen, »Wald? Ich dachte, wir wollen hauptsächlich die gelben Rapsfelder sehen! Darauf hab ich mich doch so gefreut! Sehen und riechen! Oh, einmal noch diesen Duft schnuppern!«

Rosi schmettert inzwischen aus voller Brust:

»Hoch auf dem gelben Wa-hagen sitz ich beim Schwager vorn ...«, während sie – leider unbemerkt – eine Salve schelmischer Blicke nach links abfeuert.

Elfriede zieht den alten roten Baedeker aus ihrer Umhängetasche, denn sie erinnert sich, dass darin eine Landkarte stecken muss.

»Hier, junger Mann«, endlich hat sie sie gefunden, »damit können Sie sich ganz leicht orientieren.«

Skeptisch betrachtet er die vergilbte Karte im Miniformat, die das aktuelle schleswig-holsteinische Straßennetz von 1949 zeigt. Okay, er wird sich also nach seiner Nase und den Wegweisern richten.

Der Damenchor gibt inzwischen das Lied »So wie mein blondes Käthchen, so küsst kein andres Mädchen ...« zum Besten, wozu Rosemarie begeistert mit ihren Gehhilfen den Takt in den Boden des Mercedes stampft. Ihre Freundinnen haben sich eingehakt und schunkeln fröhlich von einer Seite auf die andere. Besorgt sieht Abdul in den Rückspiegel:

»Ladys, Sie sind doch immer noch angeschnallt?«

»Jawoll, Herr Kapitän!«, schallt von hinten die musikalische Antwort, und neben ihm ertönt prompt die Melodie: »Jawohl, meine Herrn, das haben wir gern!« Danach wollen die drei sich ausschütten vor Lachen und japsen bald beängstigend nach Luft. Das Geburtstagskind muss sich sogar Lachtränen aus den Augen wischen!

Abdul überlegt: Haben die etwa irgendwas eingenommen, sind die gedopt oder so was Ähnliches? Wenn das nur nicht mit einem Herzanfall, einer Ohnmacht oder gar Mund-zu-Mund-Beatmung endet! Doch Geschäft bleibt nun mal Geschäft, und wenn er diese Fuhre erledigt hat, wird er getrost für heute Feierabend machen können und sich doch noch das Fußballspiel im Sportkanal ansehen.

Inzwischen befährt er auf Anweisung der Wortführerin Elfriede und entgegen dem Verbotsschild einen holperigen Waldweg. Es dauert nicht lange, bis sich eine Lichtung vor ihnen öffnet. Wie auf Kommando ertönt ein dreifaches »Stopp!«

»Junger Mann, Herr ..., wie heißen Sie eigentlich?«

»Abdul Mogharei, meine Dame.«

»Ah ..., also Herr Mogharei, würden Sie uns jetzt bitte beim Aussteigen behilflich sein? Hier haben wir nämlich die ideale Stelle für unser Picknick gefunden!«

»Auch das noch«, seufzt Abdul ergeben in sich hinein. »Aber«, informiert er seine Fahrgäste vorsorglich, »die Uhr läuft weiter, das ist Ihnen doch wohl klar, oder?«

Lady Elfriede nickt unwirsch mit dem Kopf und macht eine beschwichtigende Handbewegung:

»Okay, alles klar, Herr Mogelei ...«

»Mogharei bitte, meine Dame.«

Der Rollstuhl muss natürlich auch wieder ausgeladen werden. Daraus zaubert Elfriede jetzt eine Isoliermatte hervor, die sie auf dem als Sitzplatz ausersehenen gefällten Baumstamm ausbreitet. Danach verschwindet ihr rechter Arm bis über den Ellbogen in ihrer Umhängetasche, um bald darauf mit drei Fläschchen Magenbitter wieder aufzutauchen:

»Mädels, wir wollen den Geburtstag doch zünftig feiern! Käthchen, meine Liebe, Gesundheit, Glück, Zufriedenheit! Auf die nächsten zehn Jahre! Prost! Prost Rosemarie!«

Aus taktvoller Entfernung beobachtet Abdul, wie die drei mit zittrigen Fingern, doch verblüffend synchron das braune Einwickelpapier zurückstreifen, den Verschluss aufschrauben, den Kopf in den Nacken legen und das Fläschchen an den Mund setzen. Anschließend kneifen sie die Augen zusammen, ziehen die Mundwinkel angewidert herab, schütteln sich und halten für einen Moment die Miniflaschen mit ausgestrecktem Arm vor sich in die Luft. Immer noch synchron werfen sie sie dann über ihren Kopf mehr oder minder weit in die Waldlandschaft.

»Aber, aber!«, empört er sich. Allerdings nur leise, denn natürlich will er sich nicht unbeliebt machen und womöglich das zu erwartende

Trinkgeld riskieren. Ohnehin geht es hier vermutlich um einen dieser altdeutschen Bräuche, für deren Einhaltung der Umweltschutz vorübergehend außer Kraft gesetzt werden darf.

»Hoch soll sie leben, hoch soll sie leben ...«, wieder ist es Rosemarie, die anstimmt. Alle drei haben inzwischen lebhaft gerötete Wangen, und dabei zeigt sich, dass Elfriede beim Platz fürs Rouge ein wenig daneben gezielt hat.

Abdul schaut währenddessen zufrieden auf den fleißigen Taxameter und anschließend durchs geöffnete Schiebedach in den blauen Himmel. Heute ist wirklich ein schöner Tag – gerade richtig für einen Waldspaziergang! Wenn auch nicht für ihn, denn er muss natürlich beim Wagen bleiben. Aber er hat es sich bei geöffneter Tür auf seinem Fahrersitz bequem gemacht, lässt die Gedanken wandern und beobachtet dabei zerstreut seine Kundinnen. Elfriede und Käthchen haben sich auf den Weg ans andere Ende der Lichtung begeben, während Rosemarie in ihrem Rollstuhl eine Siesta hält – vermutlich erschöpft vom vielen Singen.

Auch ihm fallen die Augen zu. Er träumt von seiner Heimat, und dass er eine Fuhre schwarz verschleierter alter Frauen kutschiert, von denen eine nach der andern sich auf unerklärliche Weise in Luft auflöst. Erschreckt fährt er hoch. Noch etwas benommen blickt er um sich. Wo sind denn die Damen? Sogar die Rollstuhlfahrerin ist verschwunden! Sie haben sich doch wohl nicht verirrt? Oder sind gestürzt? Liegen hilflos im Gebüsch? Und er muss das dicke Käthchen auf seinen Armen zurück ins Auto tragen? Warum nur hat er die alte Chauffeurregel nicht beachtet, die da heißt: Sei wachsam! Lass nie deine Fahrgäste aus den Augen!

Zu seiner großen Erleichterung vernimmt er jedoch bald darauf fernen Gesang. Das können nur die Damen sein! Sie scheinen einen Rundgang unternommen zu haben. Ganz allmählich nähern sich die Stimmen, und dann entdeckt er auch schon Käthchen und Elfriede, die mit vereinten Kräften den Rollstuhl samt ihrer Freundin über den Waldboden schieben. Ihnen bleibt sogar noch genügend Luft für das schöne Lied »Rosemarie, Rosemarie, sie-hieben Jahre mein Herz nach dir schrie ...«

»Oh, das war herrlich, Herr Mogelei!«, ruft Käthchen begeistert. »Sie hätten mitkommen sollen! Wir haben einen Specht gehört und zwei Rehe gesehen und ...«

Die energische Elfriede macht dieser Schwärmerei ein Ende, indem sie zur Eile antreibt:

»Nun mal husch, husch ins Körbchen! Zum Abendessen müssen wir wieder zurück sein!

Käthchen, du wolltest doch auch unbedingt noch die Rapsfelder sehen, oder?«

Im Einsteigen beziehungsweise Einladen haben alle schon ein wenig Routine und kurz darauf kann der zweite Teil des Ausflugs beginnen: Das Seh- und Riecherlebnis der Rapsblüte! Kaum sind sie auf anderem Weg aus dem Wald herausgefahren, erspäht Käthchen bereits die ersten gelben Felder, die am Horizont und bald zu beiden Seiten der Straße mit dem Blau des Himmels um die Wette leuchten. Jetzt dringt von draußen auch der herbe Blütenduft ins Auto. Gerührt beobachtet Abdul im Rückspiegel, wie die Damen sekundenlang die Augen schließen und genüsslich tief einatmen.

»Hach!« Das Geburtstagskind vermag sein Glück kaum zu fassen. »Wie kann ich das nur wieder gutmachen, Elfriede! Ich bin dir ja so dankbar! Diesen Tag werde ich nie vergessen, und wenn ich hundert Jahre alt werde!«

»Ja, Käthchen«, meint Elfriede, und unerwartet klingt ihre Stimme sehr ernst, »tatsächlich bin ich mir ziemlich sicher, dass du diesen Ausflug nie vergessen wirst. Und auch du, Rosemarie, wirst dich wohl noch lange daran erinnern. Vermutlich wird sogar unser freundlicher Fahrer diesen Tag als etwas Besonderes in seinem Gedächtnis behalten.«

»Na klar!«, meint Abdul höflich.

Aber noch ist sie nicht fertig mit ihrer kleinen Rede, denn sie beugt sich etwas nach vorn, um sich direkt an ihn zu wenden:

»Jetzt wird 's nämlich ernst und leider vor allem für Sie! Ich muss Sie mit einer unerfreulichen Tatsache konfrontieren.« Bevor sie weiterspricht, holt sie tief Luft. »Bedauerlicherweise besitzen wir keinen einzigen müden Euro, das bedeutet also, wir können Sie nicht bezahlen. Und nun«, schlägt sie abschließend mit fester Stimme vor, »nun tun Sie bitte, was Sie für erforderlich halten!«

»Also doch kein schwarzes Konto«, murmelt Rosemarie, während Käthchen leise zu weinen beginnt. Elfriede hält sich kerzengrade, während auf ihrem leichenblassen Gesicht trotzig das nicht ganz exakt platzierte Rouge leuchtet.

Abdul ist wie vor den Kopf geschlagen! Selbstverständlich hat er schon Schwarzfahrer erlebt, und zweimal wurde er sogar überfallen, das gehört nun mal zum Geschäftsrisiko. Er hatte eine Pistole im Nacken und ein Messer an der Kehle gespürt, einmal hatte man ihm das Taxi geklaut und hin und wieder nachts die Reifen zerstochen. Aber das war doch völlig andere Kundschaft! So weit ist es also schon gekommen? Liebe Omis als Gangster? Du armes Deutschland!

»Was haben Sie sich nur dabei gedacht? Ladys, das ist ja kriminell!« Langsam gerät er in Rage. »Unerhört! Aber mit mir kann man das nicht machen! Das lasse ich mir nicht bieten!«

Aufs Äußerte empört tritt er jetzt voll auf die Bremse, so dass die drei beinah wie die Dummys im Aufprallversuch vor- und zurückrucken, danach rollt er langsam in eine Parkbucht. »Ich kriege schon mein Geld! So einfach kommen Sie mir nicht davon!«

Im Gegensatz zum weinenden Käthchen bleibt Rosemarie relativ gelassen. Aufmerksam verfolgt sie, wie neben ihr der Fahrer die Taxi-Zentrale anfunkt und die Sachlage schildert. Einzelne dabei aufgeschnappte Wortfetzen beunruhigen sie dann aber doch ein wenig. »Bis jetzt knapp hundertfünfzehn Euro ..., Anzeige ..., Polizei ..., Streifenwagen ...« Doch vielleicht hat sie selbst ja Glück und kommt diesmal noch mit Bewährung davon? Die anderen beiden sind da vermutlich schlechter dran. Sofort tauchen vor ihrem geistigen Auge Elfriede und Käthchen auf, wie sie nach Jahren der Schmach aus dem Gefängnis entlassen werden – mit strähnigen Haaren und die Arme bedeckt mit unanständigen Tätowierungen!

Derweil redet Elfriede beruhigend auf das

schluchzende Käthchen ein und reicht ihr dann eine Packung Papiertaschentücher, damit sie endlich ihre Tränen trocknet.

»Sieh es mal so«, resümiert sie nüchtern. »Diesen herrlichen Tag kann uns niemand mehr nehmen! Warte nur ab, ich hab mich erkundigt: Wir sind viel zu alt fürs Gefängnis, uns will man da gar nicht haben!«

Tatsächlich fühlt Käthchen sich schon ein wenig getröstet. Sie schnieft noch ein paar Mal, dann holt sie ihren kleinen Taschenspiegel hervor und zupft ihre Frisur zurecht. Sind denn Oberinspektor Derricks Verbrecherinnen nicht auch immer perfekt frisiert?

Rosemarie singt sogar schon wieder. Diesmal ist es der uralte Schlager »Wir fahren mit dem Automobil von Hamburg nach Kiel, das kostet nicht viel ...« Erschrocken verstummt sie, wendet sich nach links und stottert verlegen:

»Oh, entschuldigen Sie bitte! Das ist natürlich nicht persönlich gemeint!«

Abdul findet das gar nicht witzig, er haut aufs Lenkrad und schreit aufgebracht:

»Ruhe, wenn ich bitten darf! Und wenn Sie auch hundertmal meine Großmutter sein könnten – Ruhe! Ihnen wird schon noch das Singen vergehen! Wenn die Polizei Sie drei erst in der Mangel hat, dann ...!« Dabei fuchtelt er vielsagend mit seiner drohend erhobenen rechten Faust.

Die Damen zucken zusammen. Nicht auszudenken, was *dann* passiert! Wissen sie denn nicht allzu gut, wie rüde es auf einer Wache zuzugehen pflegt? Zumindest im Fernsehen. Derrick und der sympathische Kommissar Stoever sind da ganz seltene Ausnahmen, und ausgerechnet auf ähnlich nette Beamte werden sie ja wohl nicht hoffen dürfen.

»Endlich!«, ruft Abdul. »Da kommen sie!«

Ein grünweißer VW-Bus setzt sich vor das wartende Taxi, eine hübsche blonde Polizistin springt heraus und wendet sich höflich an die Delinquentinnen:

»Guten Tag! Steigen Sie bitte aus und nehmen Sie bei meinem Kollegen im Bus Platz. Wir müssen Ihre Personalien aufnehmen.«

Eingeschüchtert tun sie, was von ihnen verlangt wird.

»Sie wissen ja sicher, dass Sie sich strafbar gemacht haben?«

»Ja«, antwortet Käthchen tapfer, wenn auch erst nach einigem Zögern, »aber wir wollten doch nur mal wieder einen Waldspaziergang machen und durch die schöne Holsteinische Schweiz mit den blühenden Rapsfeldern fahren!

Vielleicht das letzte Mal in unserem Leben! Und«, gerade ist ihr etwas Wichtiges wieder eingefallen, »ich hab doch heute Geburtstag!«

»Also vorsätzlich!«, kommentiert der Protokoll führende Beamte. »Äh …, herzlichen Glückwunsch!«, fügt er schnell hinzu, denn schließlich weiß er, was sich gehört.

»Könnten Sie nicht diesmal noch ein Auge zudrücken, Herr Kommissar?«, versucht es Elfriede. Zum Glück hat sie rechtzeitig daran gedacht, das nach ihrer Meinung sie enorm verjüngende Make-up zu entfernen, »wo wir doch schon so alt sind!«

»Hauptmeister«, korrigiert der Polizist. »Mit Augenzudrücken ist es nicht getan, der Mann hier muss sein Geld haben! Der kann nicht einfach auf seinen Verdienst verzichten, nur weil Ihnen nach einem Ausflug zumute ist! – Falls«, überlegt er dann laut, »falls allerdings jemand für den Schaden aufkommen würde, ließe sich vielleicht, ich sage vielleicht! etwas machen. Natürlich nur, wenn Herr Mogharei mitspielt und von einer Anzeige absieht!«

Besorgt beobachten die drei, wie er danach auf den Taxifahrer einredet, der zuletzt mürrisch mit dem Kopf nickt. Die blonde Polizistin wendet sich nochmals an die Damen:

»Ist Ihnen denn überhaupt klar, dass man sich

im Heim die größten Sorgen um Sie macht? Man hat Sie überall gesucht, Sie wurden uns bereits als vermisst gemeldet!«

»Oh, das haben wir gar nicht bedacht ...«, Elfriede packt nun wirklich ein schlechtes Gewissen, doch jetzt kommt Rosemarie ihr zur Hilfe, »... und daran können Sie mal sehen, *wie* alt und vergesslich wir schon sind!« Zur Illustration dieser Aussage täuscht sie gekonnt ein zittriges Kopfwackeln vor.

»Ja, ja, ist schon gut«, beschwichtigt die junge Frau sie ängstlich, »nun regen Sie sich bitte bloß nicht auf! Mein Kollege hat dort gerade angerufen und Bescheid gesagt, dass wir Sie gleich hinbringen werden.«

»Ach, aber wieso ...«, wundert sich Käthchen, »kommen wir denn gar nicht ins Gefängnis?« Fast klingt sie ein wenig enttäuscht.

Rosemarie hat inzwischen den Hauptmeister überredet, während der Fahrt das Blaulicht einzuschalten.

»Aber nur ausnahmsweise!«, erklärt er nachdrücklich, »und ohne ›Musik‹!«

»Oh, Musik machen wir selbst«, versichert sie bereitwillig und beginnt sogleich zu singen: »So ein Tag, so wunderschön wie heute ...« Diesmal jedoch stimmen ihre Freundinnen nicht mit ein. Im Gegenteil, wütend zischen sie:

184

»Scht! Scht! Bist du verrückt? Doch nicht *hier*!«

Beleidigt verstummt die Sängerin, und die weitere Fahrt vergeht in unbehaglichem Schweigen.

»Da sind ja unsere Ausflügler!«, empfängt sie der Heimleiter, dem seine Erleichterung deutlich anzumerken ist. Sehr ernst klingt dann aber die anschließende Ermahnung:

»So etwas dürfen Sie nie, nie wieder tun! Das müssen Sie mir ganz fest versprechen!«

Auch die hübsche blonde Polizistin redet Elfriede, Käthchen und Rosemarie noch einmal ins Gewissen, und der Hauptmeister verkündet finster:

»Beim nächsten Mal gibt's aber mindestens fünf Jahre Knast!«

Danach drehen sich beide schnell um. Vermutlich erwartet sie ein neuer, dringender Einsatz.

Inzwischen ist auch Herr Mogharei mit seinem Taxi eingetroffen. Der Heimleiter übergibt ihm vier Fünfziger und erklärt:

»Unser Personal hat zusammengelegt. Der Rest soll ein kleiner Ausgleich sein für Ihren Ärger. Jedenfalls möchte ich Ihnen in unserer aller Namen herzlich dafür danken, dass sie so großzügig waren, von einer Anzeige abzusehen.

Und«, bittet er, »nehmen Sie es unseren drei Bewohnerinnen bitte nicht allzu übel! Wer weiß denn, auf was für Ideen wir später einmal kommen – falls wir jemals dieses gesegnete Alter erreichen sollten?«

Als Abdul anschließend hinaus auf die Straße tritt, glaubt er, Gesang zu hören. Wird er jetzt langsam meschugge? Ausgerechnet das einzige Lied, das er noch aus seinen Studententagen kennt, hat er im Ohr: »Freut eu-heuch des Lebens, weil no-hoch das Lä-hämpchen glüht ...« Und bei Allah! Klingt es nicht tatsächlich nach den ihm sattsam bekannten Stimmen von Rosemarie, Käthchen und Elfriede?

Reflexionen des
Dankwart B. Pulex Irritans
von Aphaniptera

Eigentlich habe ich doch ein wunderschönes Leben gehabt«, sinniert Dankwart,
»ich darf wirklich zufrieden sein!«

Immer häufiger denkt er an seine Kindheit
und Jugend und wie merkwürdig: Je älter er
wird, desto schöner und unbeschwerter erscheint
ihm dieser Lebensabschnitt – damals, als er sich
noch stark und unverwundbar gefühlt hatte.
Zunächst war dieses Heraufbeschwören vergan-
gener Zeiten allerdings noch keine altersbedingte
Glorifizierung der Vergangenheit gewesen, wie
Klothilde meinte. Doch Thildchen war natürlich
viel zu jung, um hier überhaupt mitreden zu
können. Seine neue Frau stammte bereits aus
einer späteren schnelllebigen Epoche und besaß
somit bedauerlicherweise weder Vorstellungs-
kraft noch Sinn für Romantik. Zum Beispiel
kannte sie nicht einmal dieses wohlige Behagen,
das sich nach einem opulenten Mahl einzustellen
pflegt, wenn man die Beine – teils gestreckt, teils

zusammengeknickt – seitlich an den Körper legt, um im Kreise seiner Lieben ein regenerierendes Verdauungsschläfchen zu halten!

Wenn Dankwart in Erinnerungen schwelgt, denkt er selbstverständlich voll Rührung auch an seine erste Wirtin, die – genau wie er – einem uralten fahrenden Volk entstammte. Wie traumhaft war sie doch gekleidet! Sie trug ein buntes Umschlagtuch mit zauberhaft verfilzten Fransen, ein speckiges schwarzes Samtmieder, eine Bluse mit üppig gebauschten Ärmeln, darunter ein locker gehäkeltes Leibchen, zwei Unterhemden und übereinander fünf mit Volants besetzte Röcke. Ein Höschen trug sie merkwürdigerweise nicht. Nirgends wieder hatte er mit seinen Brüdern und Cousins so herrlich umherstreifen können! Zu der Zeit ahnten sie nichts von einer Gefahr durch Ertrinken, denn niemals wurden sie dort auch nur von einem Tropfen Wasser bedroht, geschweige denn von widerlichem Seifengeruch. Letzterer sollte später für so manchen ihrer Verwandten Vorbote eines schrecklichen Todes sein. Solange er mit seiner Familie in solch romantischer Umgebung hauste, waren alle vollkommen sicher.

Aber natürlich hielt dieser idyllische Zustand nicht an, Unheil zog am Horizont auf. Noch heute sind Dankwart die heimlich belauschten Worte im Gedächtnis, die Großvater einst dem Vater zugeraunt hatte: »Unsere Wirtin zieht nach Westen, immer weiter nach Westen«. Bekümmert hatte er danach hinzugefügt: »Du weißt sicher, Laurentius, was das für uns alle bedeutet!«

Nur zu bald sollte Dankwart selbst den gefahrvollen Westen kennen lernen. Hatte er mit seinen Brüdern Carolus und Hector vor kurzem noch übermütig Wetten darüber abgeschlossen, ob ihre Wirtin sich irgendwann nicht doch einmal kratzen würde, mussten sie im Laufe ihrer unfreiwillig westwärts gerichteten Reise und schließlich nach Übersiedelung in andere Herbergen die Wette modifizieren. Jetzt ging es darum, wie schnell nach einer ihrer verstohlen genossenen Mahlzeiten ihr jeweiliger Ernährer sich kratzen oder gar wild um sich schlagen würde. Als nach Großvaters Ableben Carolus seine Kumpanen allerdings aufforderte, künftig darum zu wetten, wer von ihnen als Nächster dran glauben müsste, klinkte er sich ganz aus diesem Spiel aus. So etwas fand er nun wirklich degoutant. Beide, Carolus und Hektor, durften ihren letzten Wettgewinn dann ohnehin nicht mehr einstreichen: Tragischerweise hatten sie auf sich selbst als nächste Opfer getippt!

Nach dem Tod seiner beiden Brüder und dann auch dem seiner Cousins vereinsamte

Dankwart mehr und mehr. Viel zu oft musste er hilflos mit ansehen, wie direkt vor seinen Augen der eine oder andere seines Clans dahingerafft wurde. Viele von ihnen hatten sich einfach nicht an die neuen Lebensbedingungen gewöhnen wollen und verhielten sich genauso sorglos wie in früheren, goldenen Zeiten.

In einem dieser traurigen Momente besann er sich plötzlich der Bedeutung seines Rufnamens Dankwart, nämlich »durch das Denken ein Schutz.« Das spornte ihn an, endlich einmal herauszufinden, was sich eigentlich hinter dem geheimnisvollen B. seines zweiten Vornamens verbergen möge. Seine Nachforschungen ergaben: B. stand für Baldewin, und das heißt »kühner Freund«! Vor Ergriffenheit fröstelnd wurde er sich bewusst, welch schwere Hypothek die Vorfahren ihm bei seiner Taufe auferlegt hatten. Die Kombination ausgerechnet dieser beiden Namen konnte er nur als Verpflichtung deuten, sein Volk zu retten!

Ausschließlich jene Überlegungen führten dann dazu, eine Vernunftehe mit der kräftigen, wenn auch etwas tumben Klothilde einzugehen. Er würde fortan das Seine tun, damit sein Volk diese ungesund sauberen, fast schon sterilen Zeiten überlebt, und das war nur möglich durch einen rasanten Anstieg der Geburtenrate. Hierfür tat er alles, wirklich alles, was in seinen Kräften stand! Doch leider blieben seine dementsprechenden unermüdlichen Anstrengungen ohne nachhaltigen Erfolg, denn die Entwicklung seiner und Thildchens Nachkommenschaft wurde zunehmend häufiger durch Unglücksfälle vereitelt. Die Mehrzahl von ihnen ertrank in heißen, wild sprudelnden und betäubend nach Badeschaum stinkenden Ozeanen! Und auch die einfältige Klothilde sollte viel zu früh ein grausames Ende erleiden: Zwischen feuchten Unterhosen und Geschirrtüchern ging sie bei tausend Umdrehungen an einem Schleudertrauma zugrunde!

Dankwart Baldewin selbst aber war zum Glück mit Robustheit und vor allem mit Zähigkeit ausgestattet, darüber hinaus noch mit einer gehörigen Portion intellektueller Neugier. Dank Letzterer entwickelte er sich im Laufe der Zeit zu einer richtigen Leseratte, um nicht zu sagen zu einem Bücherwurm – wenn denn diese Bezeichnungen hier überhaupt erlaubt sind. Hatte er allerdings in früherer Zeit seine Lektüre ausschließlich als unverbindliches geistiges Vergnügen betrachtet, so wurde ihm nun plötzlich klar, dass literarische Bildung sogar lebensrettend werden kann.

Eines Tages war ihm nämlich die Nibelungen-Sage wieder eingefallen. Dabei entsann er sich seiner jugendlichen Affinität zu Hagen von Tronje, der Siegfried doch einst so appetitanregend blutrünstig erstach. Und genau dieses sagenhafte Ereignis lehrte ihn, eine neue Überlebenstaktik anzuwenden. Bisher hatte er – wie auch seine leider so früh verblichenen Verwandten – in riskanter Gedankenlosigkeit an beliebiger Stelle seine Nahrung gesucht. Hagen von Tronje brachte ihn darauf, sich hinfort bei seinen Wirtsleuten nur noch an jenem Platz niederzulassen, der seinerzeit bei Siegfried vorübergehend von einem Lindenblatt bedeckt gewesen war. Denn bevor – so schloss er scharfsinnig – sein jeweiliger Gastgeber sich an dieser schwer zugänglichen Stelle unbeholfen kratzen würde, bliebe ihm selbst genügend Zeit, sich in Sicherheit zu bringen.

Und dennoch: Auch ihn sollte schließlich das Schicksal ereilen! Entweder lag dies an seiner verzögerten Reaktion infolge einer zu schweren Mahlzeit oder an der unerwarteten Gelenkigkeit seines Wirts, eines Zirkusdirektors. Glücklicherweise geriet Dankwart B. – den sicheren Tod vor Augen – zunächst jedoch nur in Gefangenschaft. Später wusste er nicht mehr zu sagen, wie lange seine schmachvolle Einzelhaft in dieser Zündholzschachtel tatsächlich gedauert hatte. Jedenfalls durfte er irgendwann über ein Haar, das als Laufsteg für den leicht benommenen Häftling gespannt worden war, ins Freie balancieren. Dort nahm er als Erstes sofort seine gewohnten, in der Enge der dunklen Zelle vernachlässigten gymnastischen Übungen wieder auf, schlug eine Anzahl Purzelbäume, stand Kopf und streckte seine eingerosteten Hinterbeine in die Luft. Unerklärlicherweise geriet hierüber sein Kerkermeister derart in Begeisterung, dass er dem Ausgehungerten sogleich seinen linken Unterarm zu einem lebenserhaltenden Imbiss anbot.

Bald darauf wurde Dankwart B. Pulex Irritans von Aphaniptera tatsächlich eine Berühmtheit. Sein klangvoller Name prangte auf bunten Plakaten und lockte zahlreiche potentielle Wirtsleute an, die begierig waren, seine graziösen Zirkuskunststücke zu bewundern. Schnell gewöhnte der Akrobat sich an das gleißende Scheinwerferlicht, den brausenden Beifall und vor allem daran, dass er sich um seine ausreichende Ernährung nie mehr Sorgen zu machen brauchte.

Eines Abends jedoch, nachdem er im Anschluss an eine Vorstellung nach der vom Publikum erzwungenen Zugabe ausgelaugt und mit letzten Kräften einen der Zuschauer zwecks Nahrungsaufnahme besucht hatte, befiel ihn ein rauschähnliches, taumeliges Gefühl. Später wich dieser Zustand einer sich ständig verstärkenden

Mattigkeit, gegen die auch der herbeigerufene Betriebsarzt kein Rezept wusste. Selbst der zur Rettung des hervorragenden Künstlers zu Rate gezogene Spezialist konnte nichts mehr tun, als resigniert seine Diagnose zu verkünden: Akute Alkoholvergiftung in Verbindung mit einer vermutlich durch Überarbeitung entstandenen letalen Insuffizienz.

Und nun ist also sein letztes Stündlein gekommen. Gefasst erwartet Dankwart Baldewin Pulex Irritans von Aphaniptera sein Ende. Wie schon tausendfach in der Literatur beschrieben, ist auch bei ihm soeben sein wechselvolles Leben im Zeitraffertempo an seinem geistigen Auge vorübergezogen. Eigentlich – und dies ist sein letzter tröstlicher Gedanke, während er mit einer endgültigen Bewegung alle Sechse von sich streckt – habe ich doch ein wunderschönes Leben gehabt, ich darf wirklich zufrieden sein!

Julia will mehr

Gestern Abend hatte sie noch lange wach gelegen, denn diese Nacht sollte die bedeutendste ihres Lebens werden. Ihre Metamorphose würde sich vollziehen, und zwar von der Heftchenromanschreiberin Julia di Moretti zur wahren Dichterin Erika Schulze!

Rückblickend muss sie natürlich dankbar sein für ihre Begabung, Variationen ein und desselben Themas in zweihundertsiebenundfünfzig Romanen niederschreiben zu können – eine Begabung, die ihr einschließlich der Verfilmungsrechte einen Haufen Geld eingebracht hat. So viel, dass sie sich endlich auch jenen idealen Arbeitsplatz einrichten konnte, der unabdingbar für wahrhaftes Dichten ist.

Diese Dichterklause befindet sich in einem Pavillon im lauschigsten Winkel des Parks ihrer einst im Jugendstil errichteten Villa. Fernab vom Getriebe der Welt wird sie dort an ihrem schneeweißen Schreibtisch verweilen, dem lieblichen Gesang der kleinen gefiederten Freunde lauschen und auf Inspirationen für die besten

Formulierungen warten. Ab und zu wird sie ihren wohlgeformten Arm heben, um eine der vorwitzigen goldblonden Locken aus dem Antlitz zu streichen, während ihre tiefblauen Sternenaugen gedankenvoll ins Unendliche blicken. Zeit und Raum werden um sie versinken, und sie wird erst wieder auftauchen, um – ermattet von den Gewittern ihrer Seelenqualen – der Welt ihr erstes Dichterinnenwerk zu schenken, den Roman, dessentwegen ihr Name einst mit ehernen Lettern in das Buch der Literaturgeschichte gemeißelt werden wird!

Ihr Konzept für diesen Jahrhundertroman steht bereits fest: Grüblerischer promovierter Akademiker versucht, das Rätsel des Lebens zu lösen. Er ist frustriert, da er immer noch nicht den Stein der Weisen, die blaue Blume oder was auch immer gefunden hat. In seiner Verzweiflung gerät er an einen zwielichtigen Kerl, der für eine im Grunde unannehmbare Gegenleistung verspricht, der Suche zum Erfolg zu verhelfen. Diese Gegenleistung soll jedoch entfallen, falls dem Doktor ein bestimmter Seelenzustand widerführe oder falls er zu einer bestimmten Erkenntnis gelangte.

Der Romanheld macht natürlich viele Umwege über obskure Nachtclubs und Betten der schönsten Frauen. Hier wäre Gelegenheit für die

Schilderung von erotischen Szenen in einer Deutlichkeit, die die Kritiker aufhorchen lassen und Auflagen fördernd in zwei Lager spalten würde, und wonach der Begriff *Pornografie in der Literatur* neu definiert werden müsste!

Aber nicht in diesem Milieu, sondern bei einem harmlosen Spaziergang trifft er sie. Sie, nach der er sein Leben lang gesucht hat: eine Kindfrau, unschuldig und lasziv zugleich, kurz – einfach entzückend! Beide erleben den Himmel auf Erden, doch bald wird er ihrer überdrüssig, was sie buchstäblich den Verstand verlieren lässt, zumal sie auch noch schwanger von ihm ist. Nach ihrem tragischen Tod irrt er weiterhin ziellos suchend umher und … wie es enden soll, wird Erika schon rechtzeitig genug einfallen.

Und heute ist es nun soweit: Die Morgendämmerung der Dichterin bricht an. Jauchzend springt Erika aus ihrem rosa Himmelbett: »Juchhe! Juchhe! Frisch ans Werk!« Ungeduldig schlüpft sie in ihr wallendes Dichterinnengewand und die weißen Seidenpantöffelchen und eilt wie auf rosa Wolken schwebend zu ihrem Musentempel. Dort wartet auf dem japanischen Teetischchen bereits das erste leichte Frühstück, dem der umsichtige englische Butler durch eine flamingofarbene Kamelie aus dem Gewächshaus ein poetisches

Flair verliehen hat.

Hinfort schreibt die Dichterin Tag für Tag und oft sogar auch nachts an ihrer Schöpfung – die Worte scheinen nur so aus ihrem massiv goldenen Füllfederhalter zu fließen! Dabei stellt sie fest: Dichten ist eigentlich gar nicht besonders schwierig. Jedenfalls nicht, wenn man sich solch ergiebigen Stoff einfallen lässt!

Endlich ist das Werk vollbracht, und zur Feier des Tages hat sie ihren Literaturagenten zu sich gebeten. Er ist der Erste, der die geheiligte Stätte im lauschigsten Winkel des Parks betreten und das Manuskript lesen darf.

Nun sitzen sie also zur blauen Stunde dort bei einer Flasche Veuve Clicquot zusammen – sie hingegossen auf dem Designersessel mit dem Namen »Poesie« und er lesend zu ihren Füßen auf einem indischen Seidenkissen.

»Aber – meine Gnädigste!«, ruft er plötzlich. »Ihr Roman liest sich ja wie ein Remake der Faustgeschichte! Sollte Ihnen dies etwa entgangen sein? Eine ganze Reihe berühmter Autoren hat sich vor Ihnen doch ebenfalls schon daran versucht. Ich erinnere nur an Marlowe, Lessing, Maler Müller, Klinger – und warten Sie mal: ja, Goethe, Grabbe, Lenau und Thomas Mann! Und nun Sie, meine Teuerste? Ich glaube nicht, dass das gut gehen wird!«

Die Dichterin runzelt die glatte Stirn, während sich ihre rosigen Lippen teilen:

»Verdammte Scheiße! Goethe auch? Echt ätzend! Und was nun?«

»Veröffentlichen lassen können wir den Roman zum gegenwärtigen Zeitpunkt auf keinen Fall! Kritik und Publikum würden Sie mit Goethe und Thomas Mann vergleichen und in der Luft zerreißen!«

»Aber was machen wir denn nur? War etwa der kostspielige Bau des Musentempels und mein heißes Ringen um den Stoff völlig vergebens?« Wie ein unaufhaltsamer Strom silbriger Tautropfen beginnen Tränen aus ihren tiefblauen Sternenaugen zu rinnen.

Angestrengt überlegt der Agent, um nach einer Weile mit zuversichtlich klingender Stimme auf seine Klientin einzureden:

»Nur Mut! Ihre Zeit wird noch kommen, verehrte Meisterin! Doch sollten wir das Manuskript zunächst liegen lassen. Erst einmal müssen wir geduldig abwarten, bis die letzte Generation der Kritiker und Leser mit humanistischer Bildung ausgestorben ist. Und danach schlagen wir zu: Wenn dann nur noch Absolventen von Gesamtschulen auch auf den Universitäten den Ton angeben, wird kein Mensch mehr einen blassen

Schimmer vom Urfaust oder von dessen Bearbeitungen haben, geschweige denn den Namen Goethe kennen. Und Ihr Werk, Verehrungswürdigste, wird als modernes Kultbuch über die ausweglose Vereinzelung des Menschen in unserer pluralistischen Gesellschaft jahrelang ganz oben auf den Bestsellerlisten stehen!«

»Aber was hab denn *ich* davon!«, schmollt Erika-Julia, »inzwischen bin ich vielleicht schon tot! *Jetzt* will ich eine berühmte Dichterin sein!« Sie denkt genau einskommafünf Sekunden nach: »Ah, mir kommt eben eine brandneue Idee für einen anderen bedeutenden Roman: Älterer, hässlicher Konzernchef verliebt sich in eine schöne junge, aber arme Witwe und verstößt deshalb seine erwachsenen Kinder!«

»Äh …, ich weiß nicht recht, wie ich es Ihnen sagen soll, meine Liebe«, wirft der Agent zögernd ein, »auch dieser Stoff scheint mir schon mehrfach bearbeitet worden zu sein – nicht zuletzt von Ihnen selbst in ungefähr zweihundertsiebenundfünfzig Versionen!«

»Verdammt! Verdammt! Jetzt wird 's mir aber zu bunt!«, kreischt Julia und hämmert mit ihrem rechten Seidenpantöffelchen auf das mit kostbaren Intarsienarbeiten versehene Teetischchen, so dass die edlen Champagnerkelche zu tanzen beginnen. »Dann schreibe ich eben wieder Heftchenromane«, droht sie mit blitzenden Augen, »die lassen sich sowieso besser verkaufen!« Als sie weiterspricht, hat sich ihre eben noch gefurchte Stirn wieder geglättet. »Gerade fällt mir da ein bestimmt noch nie verarbeitetes Thema ein: Ältere hässliche, reiche Witwe verliebt sich in einen armen, aber attraktiven Konzernchef, und nach der Hochzeit vermacht sie ihr ganzes Vermögen ihren erwachsenen Kindern! – Und«, fügt sie nach kurzem Überlegen hinzu, »in meinem Musentempel werde ich eine Gedenkstätte errichten für die große Dichterin Erika Schulze!«

***

**Bücher und E-Books (eine Auswahl)
von Gerda Brömel:**

Auf der Schaukel. Kindheitsbilder 1936 – 1945
BoD 2007

Vun wat Fruunslüüd dröömt un annere Vertellen
BoD 2008

Der Förde-Nikolaus. Weihnachtsgeschichten
BoD 2009

Liebe friesische Freundin
[romanhafte Erzählung] , BoD 2012

Aus dem Takt gekommen. Roman
[KielerKultKrimi] Neuauflage BoD 2013

BRÖMELS Geschichten um *schräge* Typen
BoD 2014

———————————————————————

Fritz Ohrtmann/Gerda Brömel (Hrsg.):
Es gibt keine Mauern – Gedichte, BoD 2010

Fritz Ohrtmann/Gerda Brömel (Hrsg.):
Eine Plattmuschel namens Rosa – Sylter
Muschelgedichte, BoD 2011